子どもに迷惑を
かけない・かけられない！
60代からの
介護・お金・暮らし

Ota Saeko
太田差恵子

SE
SHOEISHA

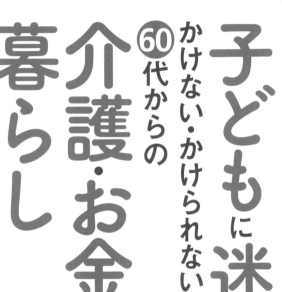

はじめに

「子どもに迷惑をかけたくない」

「子どもの負担になりたくない」

多くのシニアがそう話します。中には、「子の世話になるつもりはない」と言い切る人もいます。

しかし、日本の社会、とりわけ一定以上の年代になると、「家族」の存在は重視され、望もうが望むまいが関係性を重んじる場面が多々みられます。民法で「直系血族及び兄弟姉妹は、互いに扶養をする義務がある」と定められているせいでしょうか。

元気なうちはさほど意識しませんが、**一旦、自立度が崩れると、「ご家族は?」という社会からの圧力に似たものを感じる**こととなります。

もしも、あなたが入院すると、子は病院に駆けつけて入院保証人となります。

もしも、あなたが自分で身の回りのことをできなくなると、子は「僕が(私が)介護をしなければ」と考えます。実際、親の介護のために仕事を辞める「介護離職」は年間10万人にものぼり、社会問題となっています。

そして、配偶者が亡くなり一人暮らしになると、多くの子は「僕が（私が）残された親を支えなければ」と使命感を持ちます。あなた自身も、近隣の友人や知人、親戚から、「一人は寂しいから、子どもと同居したら？」などと言われる機会が増えるかもしれません。子どもは子どもで、「親を放置している」ような罪悪感に苛まれて、あれこれ心配し助言してくれることが増えるでしょう。

こうして、**これまで以上に親子で向き合う機会が増え、関わりが濃くなる**と、今度は子から理不尽な要求をされることもあります（親を思う気持ちが大きいほど、自分の仕事や家庭との両立がきつくなるのでしょう）。

例えば、「この家で暮らし続けたい」と願っているにもかかわらず、子から「もう在宅はムリだ。老人ホームに入ったほうがいい」と。「泥棒が入った家みたい。断捨離しなきゃダメ」と生意気な提案をされたという人もいます。「お金の管理が難しいなら、キャッシュカードを預かるよ。暗証番号を教えて」と言われ、「親としてのプライドがズタズタになった」と話す人も。

いつの間にか、親子の立場が逆転した？　と感じることもあるかもしれません。

一方で、子どもからお金の支援を懇願されたという人や、突然戻ってきて一緒に暮らしているが、「生活費も入れず、年金をあてにされている」という人も……。

子の離婚により「可愛い孫と会えなくなった」と嘆く人や、「ちょっと意見しただけで、子どもにそっぽを向かれた。怒鳴られた」など割に合わないという人もいます。

「人生100年時代」といわれる今、**「老後」は思っていたよりも長い**と感じている人は多いのではないでしょうか。現在60歳の人は、100歳まであと40年。70歳の人は30年。80歳の人でも20年！　20年といえば、子どもが誕生して成人するまでの期間です（2022年4月より、成年年齢は18歳になりますが）。なんと長い！

数年前から「終活」や「エンディングノート」が流行り、書店でも多くの書籍が売られています。

けれども、私は思うのです。

死の準備よりも前に、長い「老後」を自分の気持ちに正直に生きていきたいものだと。この年齢まで頑張って生きてきたのだから、後は自分自身を大切にしてもいいのではないかと！

しかし、現実を見据えていないと、実際に問題が起きたときに痛い目に遭いかねません。迷惑をかけたり、かけられたり。子どもの価値観で物事が進み、それにイラッとして抗うと、親子関係がギクシャクして修復不能に陥ることも……。

こうした問題の多くは、**個々の経済状況、家族構成や関係性に大きく左右される**ため、**親しい友人にも（ときには家族でも）相談できなかったり**します。結局は、自分自身で考え、決断するしかないのです。

本書では、「入院」「お金」「介護」「配偶者の死」「住まう場」「最期の準備」のテーマに分けて、子との関わり上、知っておきたい情報をわかりやすく紹介します。各項目の冒頭に入れた事例は、私がこれまで取材してきた内容であり、そこここにある話です。**「うちにも同じ問題が起きるかも」と自分事として捉えるきっかけ**にしていただけるのではないでしょうか。

「自分はどうしたいのか？」「自分はどう生きたいのか？」――**自らの頭で考え、子に伝えるべきことを伝え、行動しませんか？** そうすれば、今後も安心して思い描いた暮らしを送れるはずです。人生の終盤に子との関係に失敗することも避けられるはず。子どもだって、肩の荷が下り、あなたの生き方を応援してくれるのではないでしょうか。

本書が、シニアの方々が自分らしく生きていくための一助となれば幸いです。子に迷惑をかけず、かけられず、いい関係を保ちながら人生を楽しみたいものです。

太田　差惠子

3章 介護

4章 配偶者の死

装丁 大岡 喜直（next door design）
イラスト 古藤 みちよ（cue' s）
本文デザイン・DTP 株式会社 シンクス

入院 1 章

お金 2

介護 3

配偶者の死 4

住まう場 5

最期の準備 6

1 ある日突然、道で倒れたら？

事例▶Aさん（60代・男性）

先日、一人で出かけた先の道端で倒れてしまったんです。通りがかりの人が救急車を呼んでくれて病院へ搬送されました。

着いたときは意識の混濁した状態で、看護師さんの「ご家族は？」という呼びかけに「スマホ、スマホ……」と言ったところまでしか覚えていません。

気づけば緊急手術が終わった後で、妻と長男夫婦がそばにいました。大変だったけれど、目が覚めたときに妻たちがいてくれて、心底ほっとしました。もし、自分の身元が分からず、家族に連絡がつかないままだったら……と思うと怖いです。

財布に緊急連絡先を入れておく

病気やけがにより、ある日突然、道端で倒れて救急搬送――誰にでも起こりうることですが、それが**一人で外出しているとき**だったら？

まず行われるのが、**身元確認と家族への連絡**です。本人もしくは家族に治療法やそのリスクを説明した上で、手術などを行う必要があるからです。本人の意識があれば、救急隊員が確認して家族に連絡を入れることが一般的。意識がない場合は、病院到着後に、財布などの持ち物から連絡先を書いたものがないか確認されます。

しかし、連絡先の判明に時間がかかることも多いようです。スマートフォンや携帯電話を持っていても、本人に意識がなければ、そこから緊急連絡先を探し出

救急あんしんカード(横浜市)

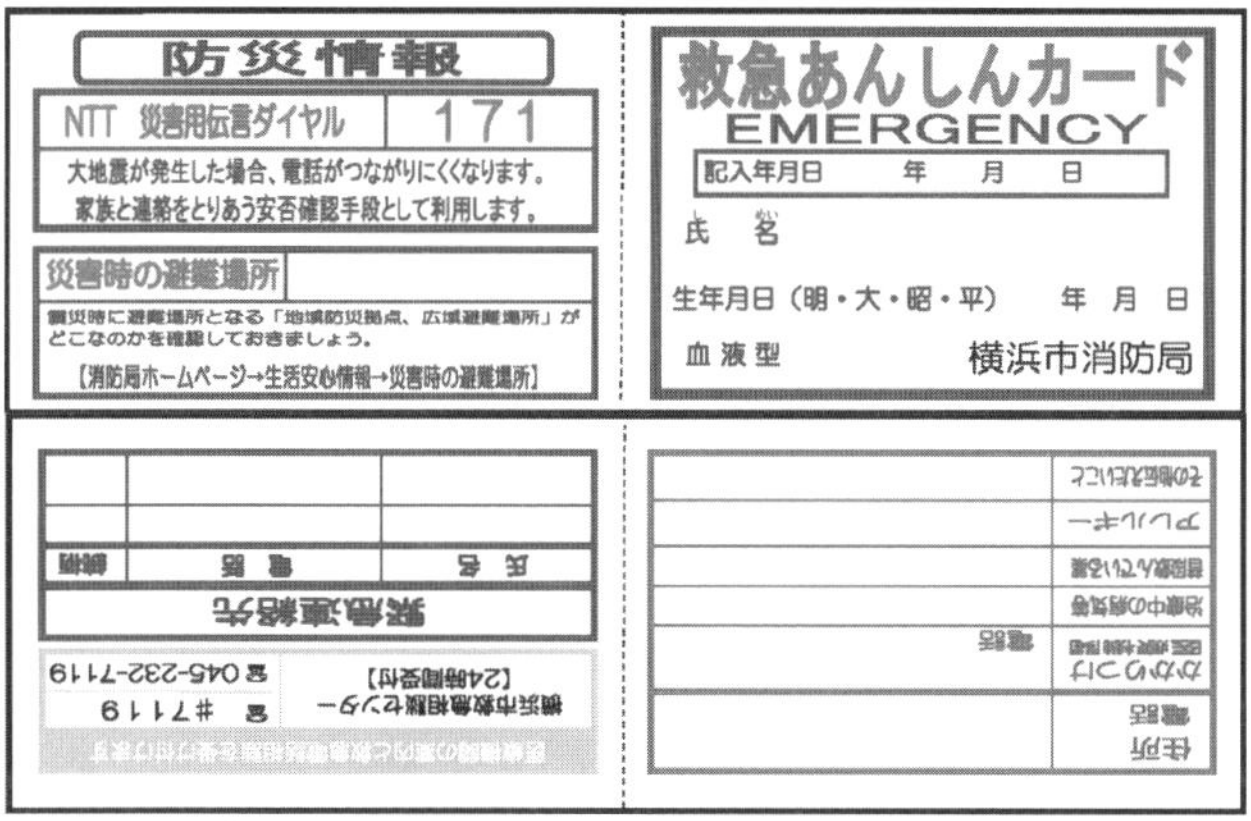
防災情報
NTT 災害用伝言ダイヤル 171
大地震が発生した場合、電話がつながりにくくなります。
家族と連絡をとりあう安否確認手段として利用します。
災害時の避難場所
震災時に避難場所となる「地域防災拠点、広域避難場所」がどこなのかを確認しておきましょう。
【消防局ホームページ→生活安心情報→災害時の避難場所】
救急あんしんカード
EMERGENCY
記入年月日 年 月 日
氏名
生年月日(明・大・昭・平) 年 月 日
血液型
横浜市消防局

出典：
横浜市ホームページ

緊急時に身元確認できるカードを配布する自治体も。横浜市ではこのカードを印刷し、氏名・生年月日・血液型・かかりつけ医療機関・緊急連絡先などを記載して携行することを推奨。

すのは容易ではありません。リタイア後は名刺や社員証なども持っていないでしょう。

日頃から財布などに身元の分かるものを入れ、ちょっとした散歩でも持ち歩くことを習慣付けたいもの。**家族の電話番号**を書いて入れておくとより安心です。

コロナ禍では会えない最期も

通常、配偶者や子どもに連絡がつけば、駆けつけてくれるでしょう。しかし、コロナ禍では家族が駆けつけることが許されない状況も起こります。2020年の志村けんさんや岡江久美子さんのニュースは、記憶に新しいところです。家族は病院で看取ることもできず、遺体はすぐに荼毘に付され、遺骨になってからようやく自宅へという話もありました。道路で倒れているのを発見された70代の方が、死亡後にコロナ感染が判明したという報道も。

感染症に限らず、近年の大規模な自然災害の多発を考えると、「家族に会えないまま最期を迎える」のは、それほど稀ではないのかもしれません。

治療方針の説明

2 「病状の説明にお子さんも同席を」と言われたけど…

事例▶ Bさん（60代・女性）

ある日突然、激しい腹痛に襲われて受診。盲腸で緊急手術することになりました。

夫とは離婚しており、家族は遠方に暮らす長男と次男だけ。どちらも会社勤めで多忙な様子です。ところが、「ご主人がいらっしゃらないなら、息子さんにすぐに来てもらってください」と医師は言います。

「すぐ」といっても、平日です。二人とも仕事があるだろうし、飛行機で来てもらう必要があります。私が息子たちへの連絡を渋っていると、しびれを切らせた看護師に「じゃあ、私から連絡します」と言われてしまいました。

治療にリスクはつきもの

シニアとなってけがや病気で入院すると、夫婦そろっていても、病院側から「お子さんとお話ししたい」と言われることがあります。配偶者がいないならなおさらです。

「年寄り扱いしやがって、失礼な」とか、「子どもは忙しいから、呼びつけたくない」と思うかもしれません。けれども、年齢を重ねてからの治療には若い人以上のリスクが潜んでいます。治療を行うことで他の病気を発症し、場合によっては命に関わることも……。認知症のような症状が出たり、それまで一人でできていたことができなくなったりということもよくあります。

簡単そうな手術でも、術中に緊急事態が起きる可能性はあります。何らかのトラブルが生じた場合、**病院**

手術(治療)の説明で子どもと一緒に聞いておきたいこと

目的	●何のための手術(治療)ですか。
効果	●どのような効果が、どの程度、期待できますか。
必要性	●手術(治療)を受けないとどうなりますか。
方法	●手術(治療)はどのようにしますか。 ●手術(治療)による苦痛はありますか。
リスク	●手術(治療)による危険がありますか。 ●その頻度はどのくらいですか。
見通し	●回復にはどのくらいかかりますか。 ●手術(治療)で日常生活に影響がありますか。
注意	●手術(治療)の前後に気をつけることはありますか。
その他	●費用はどのくらいかかりますか。

メモを取りながら聞く！分からないことは、質問！黙っていると、医師は「理解・了解した」と受け取ってしまう。

出典：東京都西多摩保健所「かしこい患者はきき方上手」

側からすると、後々、子どもらから「聞いていなかった」と言われることを避けたいと考えるのは当然です。

それに、医師からの説明は、専門用語も多く複雑で、不安を抱えた精神状態では聞き逃しかねません。分からないことがあっても、「何度も質問するのは……」とためらいがちです。納得して治療を受けるためにも、子どもが一緒のほうが心強いのではないでしょうか。

子には治療のリスクを知ってもらう

病院側から、「○月×日の△時に、お子さんと一緒にお越しください」と日時を指定されるケースもあります。平日の日中が多く、子どもが同席するには仕事を休む必要があります。

親としては、「迷惑をかけたくない」という気持ちが働きますが、命の重要な局面です。子どもにも、今後、想定されるリスクを知っておいてもらうことは必要だと思います。ある程度、病院側も日程調整をしてくれるはずなので、子どもに医師と面談の予約を取るように言いましょう。

救急相談

3 本人は「大丈夫」と言うけど、救急車を呼ぶべき？

事例▶Cさん（60代・女性）

夫と二人暮らしです。先日、午後10時を回った頃に、風呂場から出た夫が激しいめまいに襲われ、ベッドに倒れ込みました。私は「救急車を呼ぼう」と提案しましたが、夫が「楽になったから」と言うので、一旦、様子を見ることに。

ところが翌朝、夫はまったく身体を動かすことができなくなっていました。救急搬送されると、脳梗塞と判明。倒れてから12時間以上経過しており、重篤化してしまいました。脳梗塞の治療は時間との戦いです。

駆けつけた長男は「せめて僕に知らせてくれていたら」と悔しがりました。

「寝たきり」が嫌なら発作後すぐに病院へ

多くの人が「できれば寝たきりは避けたい」と考えているのではないでしょうか。子どもの立場からも同様だと思います。

寝たきりの原因第1位は「脳卒中」です。「手足」「顔」「言葉」に異変があらわれたら危険な兆候。

後遺症を最小限に抑えたいなら、直ちに病院へ行く必要があります。発作から数分で脳細胞の壊死が始まるからです。発症から4時間半以内に「血栓溶解療法」という治療を開始できれば、後遺症のない状態になる可能性が高まりますが、どこの医療機関でもできる治療ではないので、朝まで様子を見ている場合ではありません。

寝たきり（要介護5）となった主な原因の割合

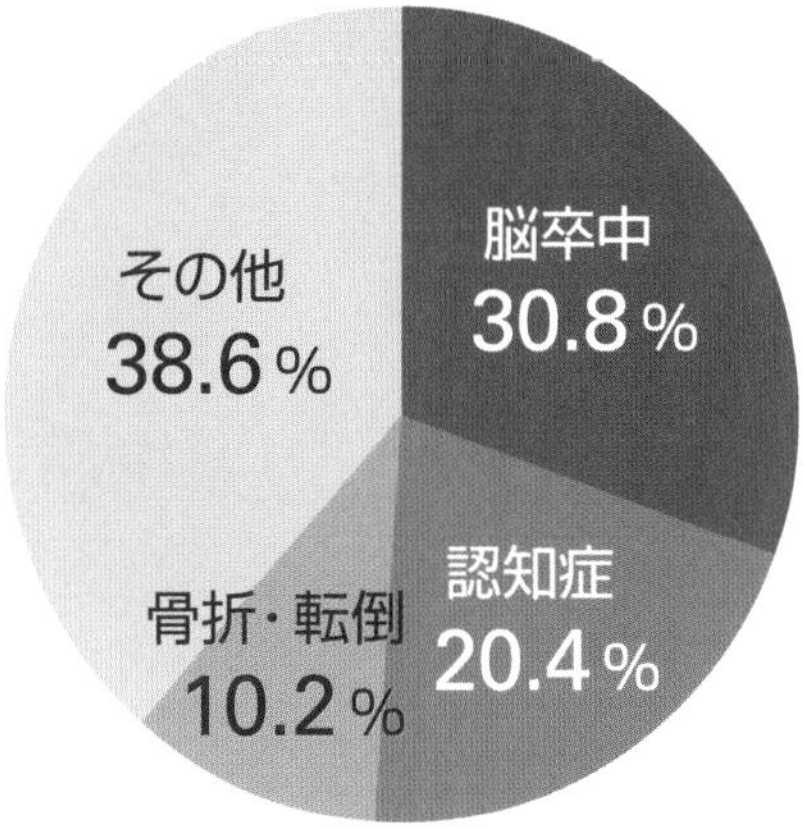

その他：高齢による衰弱、がん、脊髄損傷など

出典：厚生労働省「平成28年 国民生活基礎調査の概況」より作成

脳卒中の典型的な初期症状

- 片方の手足が動かない、しびれる
- 顔の半分が動かなくなる、しびれる
- ろれつが回らない、うまく言葉を発することができない
- 頭痛、めまい、舌のもつれ、手足のしびれなどの前ぶれ症状も

症状があらわれるのは突然。「手足」「顔」「言葉」に異変を感じたら「様子見」せずにすぐに救急車を！

1分1秒が大きな分かれ目！

深夜に救急車のけたたましいサイレン音が響くのは「ご近所の手前……」と考えがちです。実際、救急搬送を依頼するときに「サイレンを鳴らさずに来てください」と頼む人は多いようですが、緊急自動車の運転中にサイレンを鳴らし、赤色の警光灯をつけることは法律で定められています。

とはいえ、救急車を呼びたくないからと自家用車やタクシーで病院に行くと、診療までに時間がかかることもあります。

救急車を呼ぶべきか迷ったら、地域によっては「**救急相談窓口**」が設けられているので活用しましょう。

また、各都道府県で医療機関の適切な選択を支援することを目的に「医療情報ネット」を作成しています。倒れてからでは調べるゆとりはないので、**今すぐ「住んでいる都道府県＋医療情報ネット」と検索**してみましょう。

病歴・薬の管理

4 いろいろと飲んでいる薬、実はよく分からない…

事例▶Dさん（70代・女性）

半年ほど前から体調が悪く、3つの医療機関にかかっていました。いつしか1日に9種類もの薬を飲むように……。

ある日、トイレに行こうと立ち上がったら、そのまま転倒。運よく、倒れた音に夫が気づいて救急搬送されました。

ふらつきの原因は薬の副作用でした。それぞれの医療機関の近くにある別の薬局で薬をもらっていたので、飲み合わせに問題があると分かりませんでした。「おくすり手帳」も持っていなかったのです。

これに懲りて、今は利用する薬局は1か所に決め、「おくすり手帳」で管理してもらっています。

家族が病歴や服薬歴を代弁する必要あり

処方を受けている75歳以上の約1／4が7種類以上、4割が5種類以上の薬を服用しているという調査結果があります。受診先が増えると、薬も増えるものです。成分の相乗効果による効きすぎや副作用を防ぐために、何らかの薬を服用している場合は、医師に伝える必要があります。

また、多くの場合、倒れると家族が病院に付き添い、**搬送先で本人の病歴や病状、服薬について聞かれる**ことになります。配偶者が健在なら配偶者、健在でなければ子どもなどがその役割を担うことに。「迷惑をかけたくない」からと、持病について子どもに話していない人もいますが、それではいざというときに困ります。

同一の保険薬局で調剤された薬剤種類数（／月）

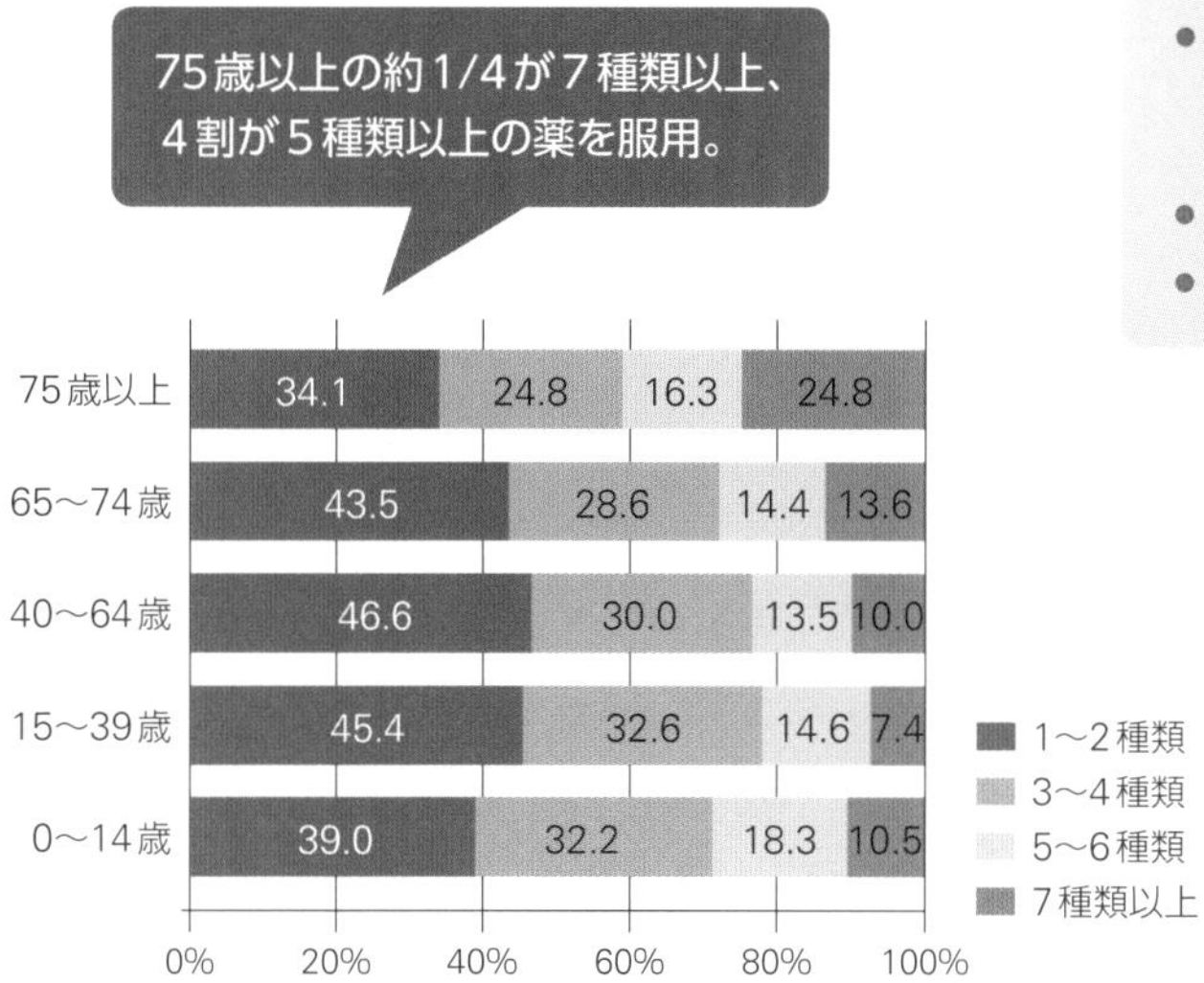

出典：厚生労働省「高齢者の医薬品適正使用の指針 2018年5月」

受信時に必要なもの

- 健康保険証（後期高齢者医療被保険者証）
- 診察券
- おくすり手帳

子どもにも分かる場所に保管。

「おくすり手帳」に既往症を記載

とはいえ、具合が悪いことを子に度々話すのはためらうもの。そこで利用したいのが「おくすり手帳」です。医療機関や薬局に行くときには必ず持参し、家族の分かる場所に保管しておくといいでしょう。手帳を出すと、わずかですが会計が安くなるメリットも。

おくすり手帳には次のことを記すページもあります。事前に書いておくと、いざというときの対応がスムーズです（最近は**アプリ版の手帳**もありますが、利用するなら本人の意識がないときでも家族が開けるようにしておく必要があります。家族が服用する薬を一元管理、共有できるアプリなら便利かもしれません）。

・既往症（現在や以前にかかった病気）の有無
・薬に対するアレルギーの有無とその症状
・食物に対するアレルギーの有無とその症状
・薬を飲んだ後の体調の変化
・よく飲んでいる一般用医薬品（市販薬）やサプリメント（健康食品）

5 入院中の洗濯って誰がやるの？

事例▶ Eさん（70代・女性）

脳梗塞で倒れて入院しました。幸い命は助かりましたが、リハビリ病院への転院を含めると入院期間は半年程度になりそうです。

私たち夫婦には、車で1時間ほどのところに暮らす長男夫婦がいます。見舞いに来た長男に、夫が「母さんの洗濯物を頼むよ」と言うと、話をそらされてしまいました。横にいたお嫁さんも無言。結局、夫が持ち帰って洗濯しています。

「業者に頼むこともできるけど、月に6000円もかかるからもったいない」と夫にぼやかれています。

洗濯は子の負担になることもある

入院中の洗濯は気がかりなものです。子どもの捉え方もさまざまで、「洗濯ぐらい」と当然のように引き受ける子もいれば、「どうして自分が?」と拒否する子もいます（実の娘でも同様）。

拒否されたとしても、「親不孝者」と責め立てたり、「嫌われているの?」と落ち込んだりしないようにしたいものです。

Eさんの長男の妻の実家では、「入院時の洗濯物は業者に頼む」が当たり前だったとすれば、「なぜ、私たちが?」と思うかもしれません。**洗濯物を持ち帰れば、日数を置かずに通うことになります。**気楽に引き受けたものの「仕事や子育てがあると、たとえ近くの病院でも負担となった」という子の声を聞くことがありま

入院中の洗濯物を担当するのは？

自宅やコインランドリーで、本人・家族が行う
病院に出入りしている業者に依頼
病院のレンタルサービス(寝間着やタオル類)

す。

後から恨まれるよりは、引き受けてくれないほうがマシなのではないでしょうか。

病院のサービスを確認

子に頼むよりも先に、病院に洗濯についてのサービスを問い合わせましょう。業者に依頼する費用は、頻度や地域差があるものの1か月で5000~7000円くらいです。入院患者本人が洗濯できるようにコインランドリーを設置している病院も少なくありません。また、入院時に必要となる寝間着、肌着、タオル類を洗濯付きでレンタルする業者が入っている病院もあります。

Eさんのケースでは、夫が「もったいない」と考え、自分で洗濯できているのですから、現状がもっともよい選択だったといえるのではないでしょうか。「もったいないから」と子どもに頼むことは控えたいものです。

差額ベッド代

6

6人部屋での入院は落ち着かない…

事例▶Fさん（60代・女性）

先日、総合病院の6人部屋に入院しました。カーテンで間仕切られてはいるものの、夜中に機器の音が気になって寝付けなかったり、オムツ交換のときに臭いがしてきたり。こちらもうるさくしないように気を遣ったり……と落ち着かなくて。

見舞いに来た長女に、「この部屋じゃ眠れないから、個室に変えてほしいって看護師さんにお願いしして」と頼みましたが、「個室にしたら、1日1万円以上もするよ。自分で払えるの？　払えないなら我慢しなさいよ」と突き放されてしまいました。

差額ベッド代は1日1万円以上することも

入院すると、6人部屋に入ることが一般的です。その部屋なら差額ベッド代（特別療養環境室料）はかかりませんが、4床以下の部屋や個室にすると、別途料金がかかります。**差額ベッド代は保険がきかないので自己負担**です。病院にもよりますが、1日1万円以上するところも珍しくありません。

Fさんの長女は賢明ともいえます。もし入院が長引けば、かなりの金額になるからです。一般的に入院期間は短くなっていますが、リハビリなどが必要な場合は長期化することもあります。医療費の他に、1日1万円とすれば1か月なら30万円超、2か月なら60万円超にも……。民間の保険で賄えるとか、経済的にゆとりがあるなら別ですが、**後先考えずに個室に移るのは**

差額ベッド代の支払いが不要なケース

- 同意書に室料の**記載がない**
- 同意書に患者側の**署名がない**
- 救急患者、術後患者等であり、**病状が重篤**なために安静が必要
- 常時監視が必要で、適時適切な看護および介助が必要
- 免疫力が低下し、**感染症**に罹患するおそれがある
- 集中治療の実施、著しい身体的・精神的苦痛を緩和する必要がある
- MRSA等に感染している患者であり、主治医等が他の入院患者の**院内感染を防止**するため、実質的に患者の選択によらず入院させたと認められる
- 保険適用の病室が満床である　　など

出典：平成30年3月5日付け保医発0305第6号厚生労働省通知より作成

無謀です。Fさんが支払えなければ、入院の保証人となる長女が支払うことになります。

希望しないのに個室!?

ときには、個室を希望していないのに病院から治療上の都合などで個室利用を言い渡されることがあります。原則、**病院都合で個室となった場合**や、**同意書にサインをしていない場合**は支払う義務はありません。

とはいえ、「6人部屋は満床です。個室を拒否されるなら、うちでは看られません」と言われてしまうこともあります。そんなときは、上記厚生労働省の通知があると掛け合いましょう。それでも折り合いがつかない場合は、管轄の地方厚生局に問い合わせてみるのも方法です。それでも、どうにもならないようであれば、空きが出たら、移動させてくれるようお願いしておきます。同意書の空きスペースに一筆書いておいてもいいでしょう。

7 「身元保証」を子に頼れない、頼りたくない…

事例▶ Gさん（70代・男性）

妻が亡くなり、現在は一人暮らしです。持病の心臓の手術をするため入院することとなりましたが、手続きにあたって「身元保証人」が必要だと言われています。

息子がいましたが、がんのため40歳の若さで他界。息子の妻とは交流がありますが、負担をかけたくないので、保証人を頼む気持ちにはなれません。

病院に相談すると、身元保証を引き受ける民間業者を紹介されました。とはいえ、料金は100万円以上とのこと。高額なので、どうしたものかと悩んでいます。

代行する事業者が急増

入院や施設への入居の際に求められる「身元保証人」とは、**緊急時の連絡先や支払い保証、治療の同意などを行う人**です。しかし、子どもがいても関係が悪くて頼みたくない、子も療養中あるいは死亡していて頼めないケースもあります。

入院に関しては、厚生労働省は「身元保証人がいないことのみを理由に入院を拒否することは医師法に抵触する」との見解を示しています。もし病院に事情を話しても、「決まりですからどなたか探してください」と言われた場合は、**行政に相談**することで解決する場合もあります。

しかし、何かのときに代弁してくれる保証人がいるほうが安心なケースもあるでしょう。そんなときに使

「身元保証・高齢者サポートサービス」とは？

親族に急な連絡をしたい 買い物の手伝いをしてほしい	**日常生活支援サービス**	緊急時の親族への連絡や買い物支援などを行う
病院や施設に入るために「保証人が必要」と言われた	**身元保証サービス**	医療機関や介護施設などに入る際の費用の支払いを保証
自分の死後、部屋の退去や病院の支払いはどうなる？	**死後事務サービス**	遺体の確認・引き取り、住んでいた部屋の現状回復など

参考：消費者庁「『身元保証』や『お亡くなりになられた後』を支援するサービスの契約をお考えのみなさまへ」平成30年8月

えるのが、**「身元保証・高齢者サポートサービス」**と呼ばれる民間サービスです。入院時の身元保証の他、見守りや買い物といった生活支援、亡くなった後の葬儀などの対応を行います。料金の目安は数十万～200万円ほどです。

事業者の選択は慎重に

事業者が増加する一方、サービスについてのクレームや相談が全国の消費生活センターに寄せられています。契約時にしっかり説明をしない、必要なサービスを提供しない事業者などもあるようです。過去には、2600人もの会員からお金を集め、ずさんな経営で元代表らが逮捕され破たんした法人もありました。

利用する場合は、後々トラブルとならないよう、**事前によく内容を確認する**ことが重要です。

何か困ったときには**地元の地域包括支援センター**（P86）に、契約についての不安は**消費生活センター**に相談しましょう。

8 配偶者の緊急入院！ 家事は？ 付き添いは？

事例▶Hさん（80代・男性）

妻が緊急入院しました。下着やパジャマを病院に持っていかなければならないのですが、これまで家のことは妻に任せきっていました。何がどこにあるのか、どうすればいいのか分からず、別居する長女にSOSしたところ、必要な物をそろえてくれて本当に助かりました。

　当面の家事は私がやることになりますが、妻がこだわって使っていた二層式の洗濯機や多機能オーブンレンジは使いづらく……。長女のすすめもあって、全自動洗濯機やシンプルな電子レンジに買い替えました。

家のことは夫婦双方ができるように

配偶者が突然入院すると、困ることがあります。特に夫婦二人暮らしの場合、妻の入院で「家事」に支障が生じるおそれはないでしょうか。なんでもかんでも子どもに頼ることはできません。

　家族の人数が多い時期に使っていた炊飯器や電子レンジ、洗濯機などの家電は、一人や二人暮らしでは使いづらいことがあります。こだわりから二層式洗濯機を愛用する人もいますが、配偶者に操作が難しいなら買い替えどきかもしれません。

　家事に限らず、老親の介護、ペットの世話など、自分に何かあっても継続必須のことは、**日頃から夫婦双方ができるようにしておきましょう。**

病院から夜間も含めた付き添いを求められるのは？

- 危篤など容態が重篤な場合
- 認知症などにより、暴れたり騒いだりする場合
- 本人が管を抜くなど治療を妨げる場合
- 容態の急変が考えられる場合

原則、食事やトイレの世話は入院費用に含まれており、家族の「仕事」ではない。共倒れしないように、無理な付き添いはNG！

「献身的な看病」で共倒れしないために

病院の立地や交通手段にもよりますが、毎日朝から晩まで付き添うことを自分自身に課すのはやめましょう。病床の配偶者に寄り添うことは大切ですが、ずっと病室にいると疲れがたまります。

また、いつも病室にいると看護師から食事やトイレの世話を委ねられることもありますが、それが「役割」となると厳しいものです。

ただし、上のようなときは夜間を含めた付き添いを求められるケースも。昔と違って付添婦をお願いすることはできないので、家政婦さんを「家族」と偽って依頼する人もいます。また、見ていないと点滴を自分で抜いてしまうなど治療に支障がある場合、「身体拘束への同意書」を求められることがあります。正解はありませんが、仕方のないことも……。

子どもにも「毎日の見舞い」を強要するのはＮＧです。それぞれの**できる範囲を心がけることが、共倒れしないコツ**です。

9 完治していないのに退院、どうしよう⁉

事例▶Ｉさん（70代・男性）

膝の関節症の手術で入院中です。「手術後3週間ほどで良くなり退院」と聞いていましたが、退院予定日が近づいても、足を思うように動かせず……。正直、自力でトイレに行くのも大変な状態です。

病院からは「通院でリハビリを続けましょう」と言われましたが、身体の大きな私を妻一人で看るのは困難です。本人も「自信がない」と言って悩んでいます。退院を強行したら、共倒れを招きそうな気がしています。かといって、別居の子どもたちは忙しそうで、頼みづらく……。

「転院」も選択肢に

一般病院で治療を行った場合、急性期の症状が安定したら「退院」となります。在宅での療養に不安があれば、リハビリなどを専門とする病院に転院できるケースもあります。

代表的な選択肢は**「回復期リハビリテーション病院」**や**「地域包括ケア病棟」**。最初に入院した病院が大学病院など規模の大きな病院なら、地域の中小規模の病院に転院できるケースも。

回復期リハビリテーション病院は、集中的なリハビリを行って、**低下した能力を再び獲得**することを目的とする病院です。入院できる期間は、疾患や傷病名によって日数が決められています。例えば、膝関節の置換え手術なら発症から1か月以内の転院が必要で、入

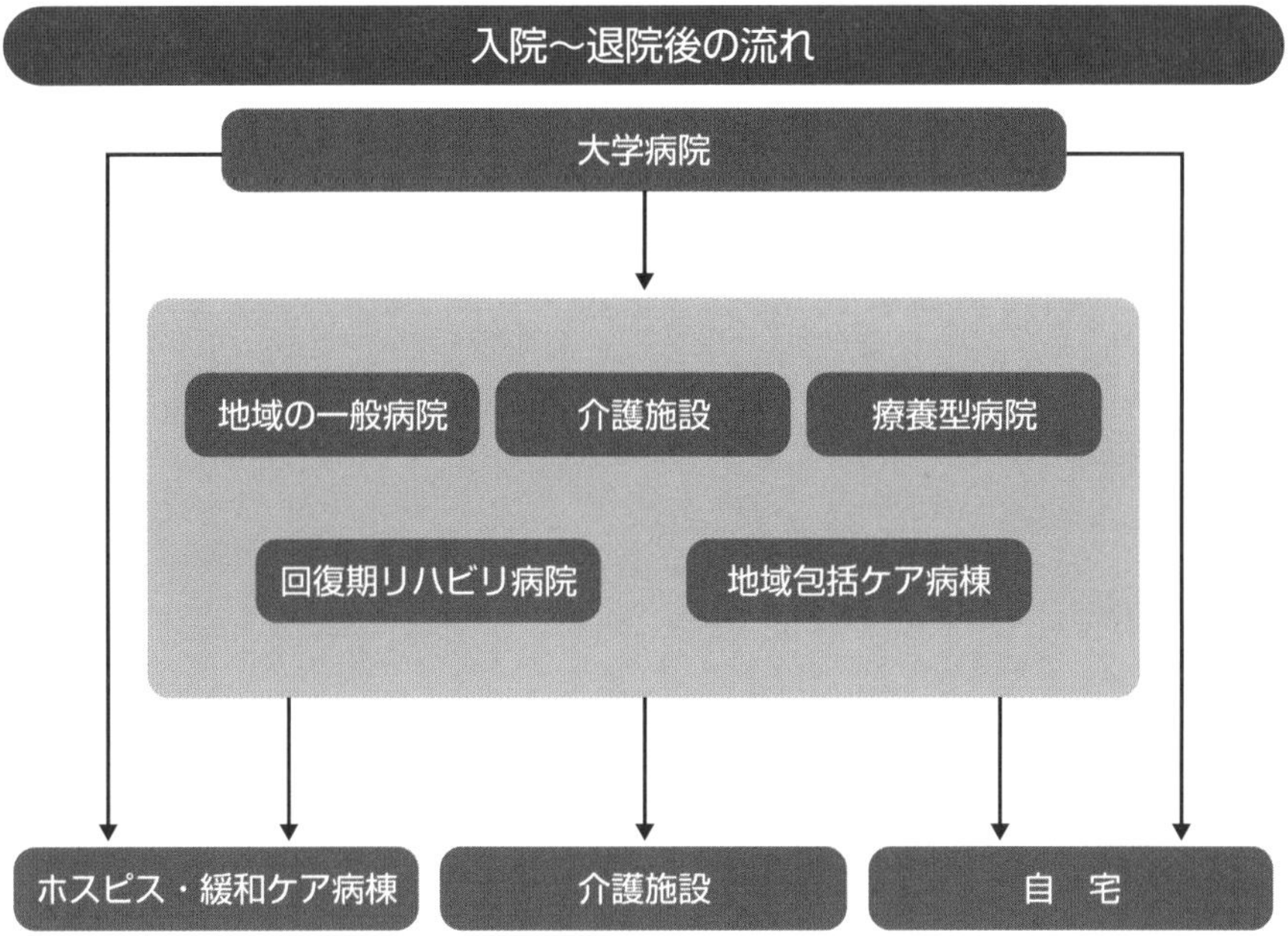

院期間は90日以内です。

地域包括ケア病棟は、状態が安定したけれど、もう少し経過観察が必要な場合に利用できます。目的は**在宅復帰**。同じ建物内に、一般病棟と地域包括ケア病棟が備わっている病院もあります。同じ建物でも、治療内容や料金体系が異なるので、病室を移ることになります。スムーズな在宅復帰を目指すために「在宅復帰支援計画」が作成され、最長60日入院できます。

その他、病院ではなく施設という位置づけですが、一時的に入る「介護老人保健施設」が選択肢となることもあります（次項）。

医療ソーシャルワーカーに相談を

病院の種類が多数ある上、病名などにより入院できる期間も異なり、特に初めてのことだと「よく分からない……」と頭を抱え込むことに。入院費用など、お金のことも気がかりです。

そんなときは、**「医療ソーシャルワーカー」に相談**しましょう。ある程度の規模の病院では、「医療相談室」

医療ソーシャルワーカーに質問・相談できること

- 入院や外来に伴う医療費
- 他の病院や施設の情報
- 入院中の洗濯や身の回りの世話
- 退院後の療養生活の準備
- 退院後の介護についての不安
- 患者会や家族会の情報
- 介護保険制度のサービス内容や活用方法
- 障害者手帳や障害年金の手続き
- 病院設備や職員の対応への不満・疑問

「地域連携室」などと呼ばれる部門に在籍しています。転院を経ずに在宅に戻る場合も、介護保険制度のことなどを教えてくれるはずです。

できれば、相談の際には子どもにも同席してもらい、一緒に話を聞いた上で話し合うと、双方の安心感につながるでしょう。

退院して「訪問診療」という方法も

いろいろ検討して、在宅で療養することになった場合は、医師に自宅へ来てもらう「**在宅医療**」の利用も考えましょう。在宅医療には、「**往診**」と「**訪問診療**」の二つの方法があります。

往診は、昔から行われていたのでイメージできると思います。**急変時に不定期に医師が自宅を訪問**します。一方、訪問診療は、患者が平穏に療養生活を送れるように、**あらかじめ立てた診療計画をもとに、定期的に訪問**するスタイルです。

訪問医が見つからない場合は、入院先の医療ソーシャルワーカーに相談を。

在宅療養支援診療所とは

①直接担当する医師または看護師と24時間体制で連絡を取れる
②24時間体制で往診可能
③担当医師の指示のもと、24時間体制で訪問看護のできる看護師あるいは訪問看護ステーションと連携
④緊急時に備え、検査・入院時のベッドを確保
⑤在宅療養について適切な診療記録管理を行う
⑥地域の介護・福祉サービス事業所と連携
⑦年に一回、在宅で看取った人数を地方厚生（支）局長に報告

出典：日本訪問診療機構ホームページ「在宅療養支援診療所」より作成

訪問診療を行う診療所の中には、「**在宅療養支援診療所**」という24時間365日体制の診療所もあります。看護師が所属する訪問看護ステーションや、介護の専門職であるケアマネジャーとも連携。いざというときには、すぐに入院できる病床を常に確保していることも特徴です。

かかりつけ医を持つことが大切

そもそもの話になりますが、ある程度の年齢になったら、**かかりつけ医**を持ちましょう。普段からの様子を知っておいてもらえると、入院時や退院時にも相談に乗ってもらえます。その先生が訪問診療を行っているかもしれません。必要に応じて、他の科の診療所や病院も紹介してくれるでしょう。

それに、介護保険の申請をする際には「**意見書**」（P92）を書いてもらう必要があります。そのときに慌てないよう、元気なうちから、健康診断やがん検診、予防接種などの機会を利用して相性の良さそうな医師を見つけておきたいものです。

10 一時的に施設を利用して在宅復帰？

事例▶ Jさん（70代・女性）

内臓の病気で入院しました。もともと要介護認定を受けていたのですが、1か月の入院生活で、さらに心身機能が低下してしまいました。動くのも大変です。子どもからは、「退院したら自宅に戻らないで、施設に入ったほうがいい」と言われています。

でも、施設は嫌で、どうしても自宅に帰りたいのです。病院の医療ソーシャルワーカーに相談したところ、3か月間、介護老人保健施設に入ってリハビリなどを受けながら在宅復帰を目指す方法を提案されました。

病院でも自宅でもない、もう一つの選択肢

病院と自宅の中間に位置づけられた**「介護老人保健施設（老健《ろうけん》）」**という施設があります。介護保険の要介護度1～5（P194）が入居対象で、「施設」といっても、終身で入居するところではなく、**入院治療を終え、在宅復帰を目指す人が利用**します。

朝はパジャマから洋服に着替え、食事はベッドの上ではなく食堂で。日中はリハビリやレクリエーションを受けます。**施設長は、原則医師**なので医療面でも安心です（治療は受けられません）。

入居できる期間は概ね3か月程度で、その間に今後について考えることもできます。在宅に戻れるだけの元気を取り戻せるかもしれないし、難しい場合はその間に施設を探すこともできるでしょう。

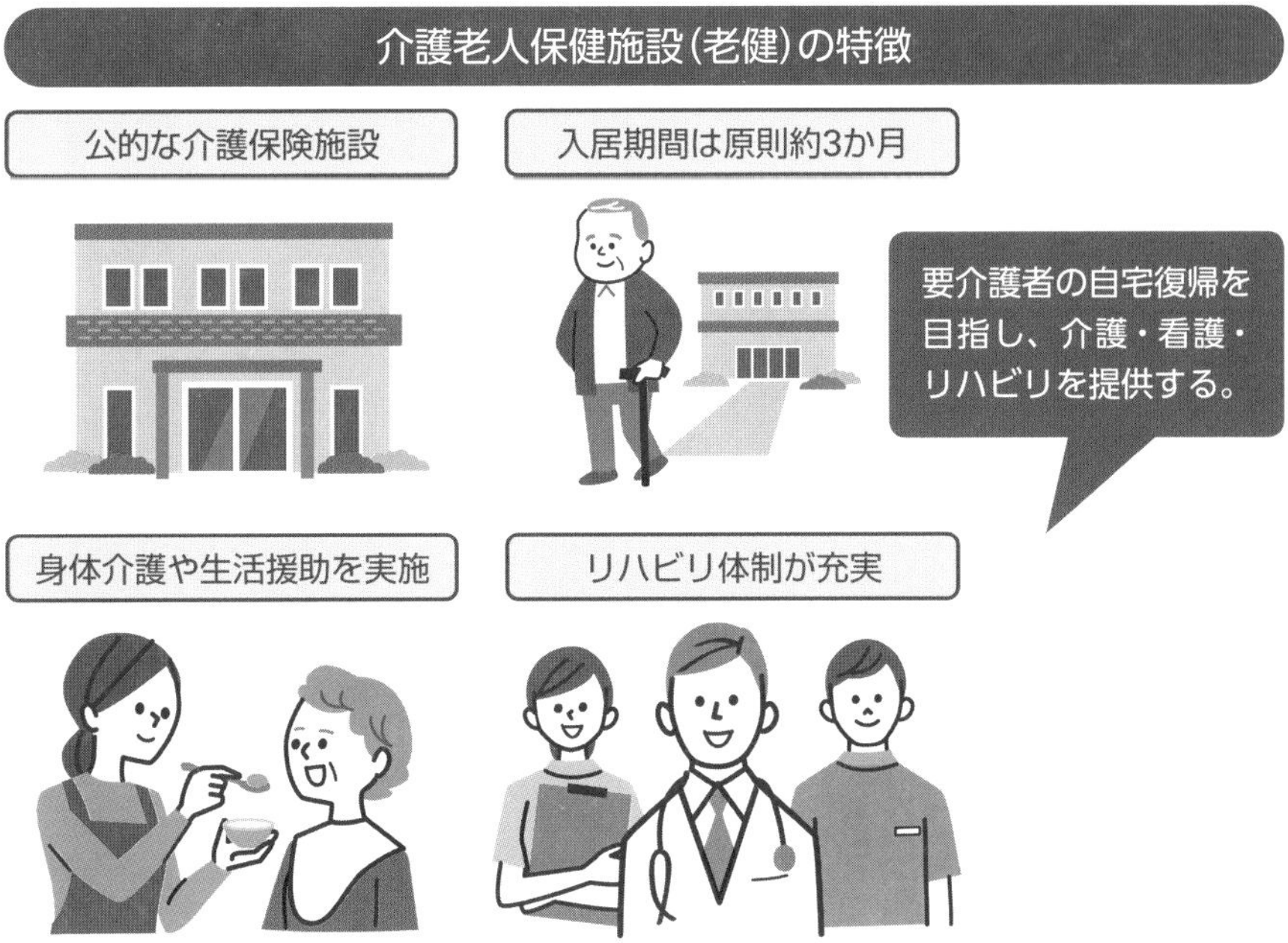
介護老人保健施設（老健）の特徴
公的な介護保険施設
入居期間は原則約3か月
要介護者の自宅復帰を目指し、介護・看護・リハビリを提供する。
身体介護や生活援助を実施
リハビリ体制が充実

結論を急がない

老健は介護保険で入居する施設なので、比較的リーズナブルに利用できます。そのため、満床のところも多いですが、もともとが短期利用の施設なので、**少し待つか、複数に問い合わせれば空きを見つけられる場合が多い**と思います。Jさんのように、入院先の医療ソーシャルワーカーにも相談しましょう。

民間の有料老人ホームでも、一時的に入居できるプランを用意しているところもあります。

自宅か施設か、子どもと意見が分かれた場合は、どちらかに決めるのではなく、**「様子を見る」というのも悪くない選択**だと思います。5章を参考にしてください。

11 退院後の世話を巡って子どもたちが喧嘩！

事例▶ Kさん（70代・男性）

妻が亡くなり、以来、一人暮らしとなりました。けがで入院していましたが、退院の日取りが決定。一緒に医師の説明を聞いた長男と長女も、退院を喜んでくれると思いきや……。

長男は、「僕は仕事があるから、親父を看ることはできない。お前が看てやってくれ」。長女も「私だって子育て中だから忙しいのよ。そっちは会社員なんだから介護休業を使えるでしょ」。

子ども二人が、私の退院後の世話を押し付け合い、こともあろうに病室で喧嘩を始めてしまいました。

子どもから押し付け合いをされる前に

退院後に転院したり施設に入ったりしないのであれば、自宅に帰ることになります。元の健康状態なら問題ありませんが、歩行が不安定だったり、入浴が難しかったり、家事ができないこともあるでしょう。

子どもは、「この親を誰が看るんだ?」と考えるかもしれません。子が複数いる場合、「遠いから無理」「仕事が忙しいからできない」など、**きょうだい間で押し付け合い**が始まることもあります。自分のことで、子らが押し付け合う姿を見るのは悲しいものです。

子の心配と負担を取り除くためにも、65歳以上なら、「介護保険を利用する」と自ら宣言しましょう。きっと、みなほっとするはずです。「立派な親」と思われるでしょう。介護保険を利用すれば、さまざまなサービスが

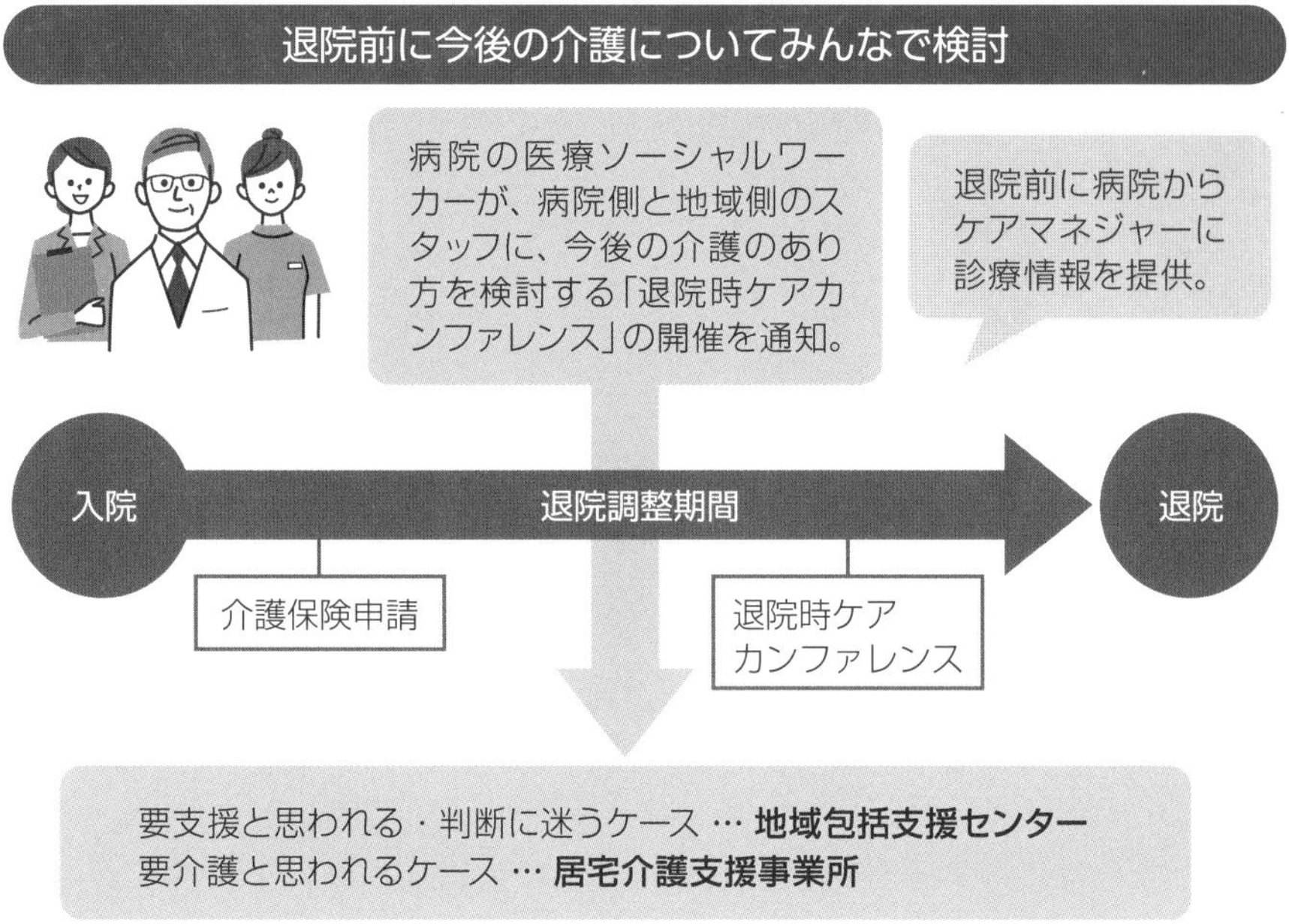
退院前に今後の介護についてみんなで検討
病院の医療ソーシャルワーカーが、病院側と地域側のスタッフに、今後の介護のあり方を検討する「退院時ケアカンファレンス」の開催を通知。
退院前に病院からケアマネジャーに診療情報を提供。
入院
退院調整期間
退院
介護保険申請
退院時ケアカンファレンス
要支援と思われる・判断に迷うケース … 地域包括支援センター
要介護と思われるケース … 居宅介護支援事業所

あるので家族にかかる負担をかなり抑えられます。65歳に達していない場合も、関節リウマチやがんなど定められた16の「特定疾病」を原因とする衰えなら利用できます。

退院時ケアカンファレンスで連携

介護保険を利用するためには「申請」（P92）が必要です。退院したら即サービスを利用できるように、病院の医療ソーシャルワーカーや医師に相談の上、病状がひと段落したら**入院中に申請**しましょう。

要支援の場合は地域包括支援センターの職員、要介護の場合はケアマネジャーが「**退院時ケアカンファレンス**」に参加してくれるはずです。病院から在宅への引き継ぎです。医療と介護を連携していく方法を、プロの視点で探ってくれます。

「病院で死ねない」時代

日本ではここ20年間、8割が病院で死を迎える状況が続いてきました。病気やけがで搬送されると、ある程度の期間入院し、そして死亡──。しかし、今後は「簡単には病院では死ねない時代」となります。その理由は、日本が超高齢社会となっているためです。

「2025年問題」という言葉を聞いたことがある人は多いのではないでしょうか。約800万人いる団塊世代（1947～49年生まれ）のすべてが75歳以上となり、医療や介護の提供が追いつかなくなることです。

これは、多死社会の到来ともいえます。2019年の日本の全死亡者数は137万6,000人（出生数は86万4,000人）でした。2025年には160万人に達すると見込まれています。

他方、労働力の減少はますます進み、医療・介護に従事するスタッフの確保が追い付かなくなると予測されているのです。

つまり、死を迎えるときまで入院を続けるわけにはいかず、退院することに（すでに、こういう事象は起きています）。かといって、自宅で家族に看てもらうことも難しい。施設や高齢者住宅が増えているのは、こうした背景からです。

自分自身はどうしたいか、よく考え、心積もりしておくことが求められます。

お金 2章

1 入院
3 介護
4 配偶者の死
5 住まう場
6 最期の準備

1 入院保証金の10万円、誰が払った？

事例▶ Aさん（40代・男性）

先日、70代の父が自宅のベランダから落ちて、病院に運ばれました。うろたえた母から「お父さんが大けがをした！　病院に来て！」と連絡があり、急いで駆けつけました。

父の意識は混濁し、母も正常な心理状態ではなかったので、入院手続きは僕が行い、入院保証金の10万円もひとまず立て替えました。

現在は容態が安定しつつあり、母もだいぶ落ち着いてきましたが、僕としては立て替えた10万円を返してもらえるのか、ちょっと不安です。親に金を返せとは言いづらいけど、10万円は正直痛いです。

もし子が立て替えてくれたら？

高齢になって入院すると、駆けつけた子どもが手続きをしてくれる場合も多いでしょう。入院時には「入院保証金」を求められます。退院時に支払う医療費と相殺される預り金で、5～10万円くらいです。

確かに、救急車で運ばれて……といった突然の場合はバタバタしてしまいます。子どもが入院手続きをしてくれていたらお金を払っている可能性が高いので、**必ず金額を確認して返金**しましょう。子どもからは請求しづらいようです。

子には「入出金記録」をつけてもらう

急な入院では、洗面用具や下着類、スリッパなどの用意がなく、子どもに買ってきてもらうこともあるか

お金を預けたら「入出金記録」をつけてもらう

日付	項目	金額	残額
2020/12/01	長男に預ける	100,000	
2020/12/05	○○病院支払い	-12,890	87,110
2020/12/26	△△薬局薬代	-3,400	83,710
2021/01/03	◎◎スーパーで買い物	-10,620	73,090
2021/01/26	母が通販で購入したサプリ代振込	-4,200	68,890

品目が多いスーパーでの買い物などは、できるだけ領収書やレシートも残してもらう。

もしれません。代わりに支払ってもらう頻度が多い場合は、先にまとまった現金を子どもに渡して、そこから使うように頼むのも一案です。

ただし、お金には色がないため、子どものお金と一緒になると困ります。不審に思うことが生じても、「もうなくなったの？」などと言えば、子は不快になります。また、子が複数いると「お金を預かったきょうだいがくすねているのでは？」などの疑いが生じて、もめることも。

トラブルを避けるためにも、**お金を預けるときは、「入出金記録」をつけることも同時に依頼**しましょう。最初が肝心です。後から言うと、「疑ってるの？」と嫌な気持ちにさせます。

記録の仕方は、子どもに任せればいいでしょう。手書きよりも、家計簿アプリなどを活用するほうが手軽かもしれません。

2 遠くから来てくれる子に交通費を渡したい

事例▶ Bさん（70代・男性）

身体の調子が悪く、近頃は床に伏せる時間が長くなりました。

長女が車で30分ほどのところに暮らしており、週に2～3回様子を見に来てくれます。遠方にいる次女も、月に1回、飛行機で。ある時期から、次女には「お姉ちゃんには内緒だよ」と交通費を渡すようになりました。月に10回も来てくれている長女に何も渡していないのは気になっていたのですが……。

先日、私が次女にお金を渡しているのを長女が目撃。長女は不機嫌に、次女に対して「交通費をもらって、月に1回来るってお気楽ね」と言いました。

子に不公平感を抱かせない

病気やけがで倒れたとき、子が度々来てくれるのは嬉しいものです。かといって、新幹線や飛行機を利用して遠方から来てもらうと申し訳ない気持ちになり、交通費を渡す人は少なくありません。子の立場の人からも、「助かる。出してくれるから度々帰省できる」という声が聞こえてきます。

しかし、遠方から来てくれる子だけに交通費を渡すと、もめごとになりやすいので注意が必要です。遠方の子は交通費が高くつきますが、来る頻度は少ない。近所や同居の子は、交通費はかからなくても、訪問回数は多く、通院その他の介助をするためにたくさんの時間を費やすことになります。中には、親を看るために仕事を調整し、減収につながっている子もいます。

介護割引運賃設定のある航空会社

- 日本航空「介護帰省割引」
- 全日空「介護割引」
- スターフライヤー「介護割引運賃」
- ソラシドエア「介護特別割引」

航空会社によって違いはあるものの、割引率は35%ほど。予約変更も可能。

短期間であれば問題にならなくても、長期化すると不公平感が生まれます。長期化しそうな場合は、**家族全員で誰がどのように負担するかを相談**しましょう。Bさんのように「長女には内緒で」と、こっそり次女にお金を渡すのはもめる元です。

正解はありませんが、遠距離の子に交通費を渡している人の中には、負担の多い近居の子にも1回〇円などお礼として渡す人もいます。

「介護割引運賃」もチェック

誰が交通費を負担するにしろ、安いほうがいいのは言うまでもありません。もし、子が飛行機で帰省するなら**「介護割引運賃」**をチェックしましょう。民間サービスですが、介護認定を受けていれば利用できます。空席さえあれば、当日予約も可能です（子どもが事前登録する必要あり）。詳細は、利用する航空会社に問い合わせてください。

3 配偶者の口座から出金できる？

事例▶ Cさん（70代・女性）

夫婦二人暮らしです。私はずっと専業主婦で、お金の管理は昔から夫が行っています。

半年ほど前、夫は認知症と診断されました。ある日、お金をおろすために夫のキャッシュカードを預かって銀行へ行くと、なぜか引き出せません。夫が暗証番号を変更したらしいのです。でも、本人は「変えてない」の一点張り。

窓口で「夫は認知症だから」と事情を話して出金しようとしたところ、「ご本人でなければ出金いただけません」と言われ、なんとその口座は凍結されてしまいました。

暗証番号を教え合っておく

原則、**預貯金から出金できるのは名義人だけ**なので、家計に関わる口座の名義が夫婦どちらか一方に偏っている場合は要注意です。病気やけが、認知症などによって、急に本人の判断力が低下し、入出金できなくなることがあります。夫婦間では、元気なときから暗証番号を教え合っておきたいものです。キャッシュカードを使えば、1回50万円くらいまでは出金できます。

ただ、不安からか暗証番号を度々変更し、挙句の果てに分からなくなった……という話を聞くことが少なくありません（家庭用金庫の開閉番号を変更して開かなくなったという人も）。

しかし、Cさんのように、金融機関に対して「認知症で」などと相談すると、口座が凍結されてしまう場

子に預貯金や財産の管理を支援してもらっている割合

親の預貯金や財産の一部でも管理や管理の支援をしているか
（存命中の親が認知症と診断されていない55～69歳の男女：男女別：年齢層別）

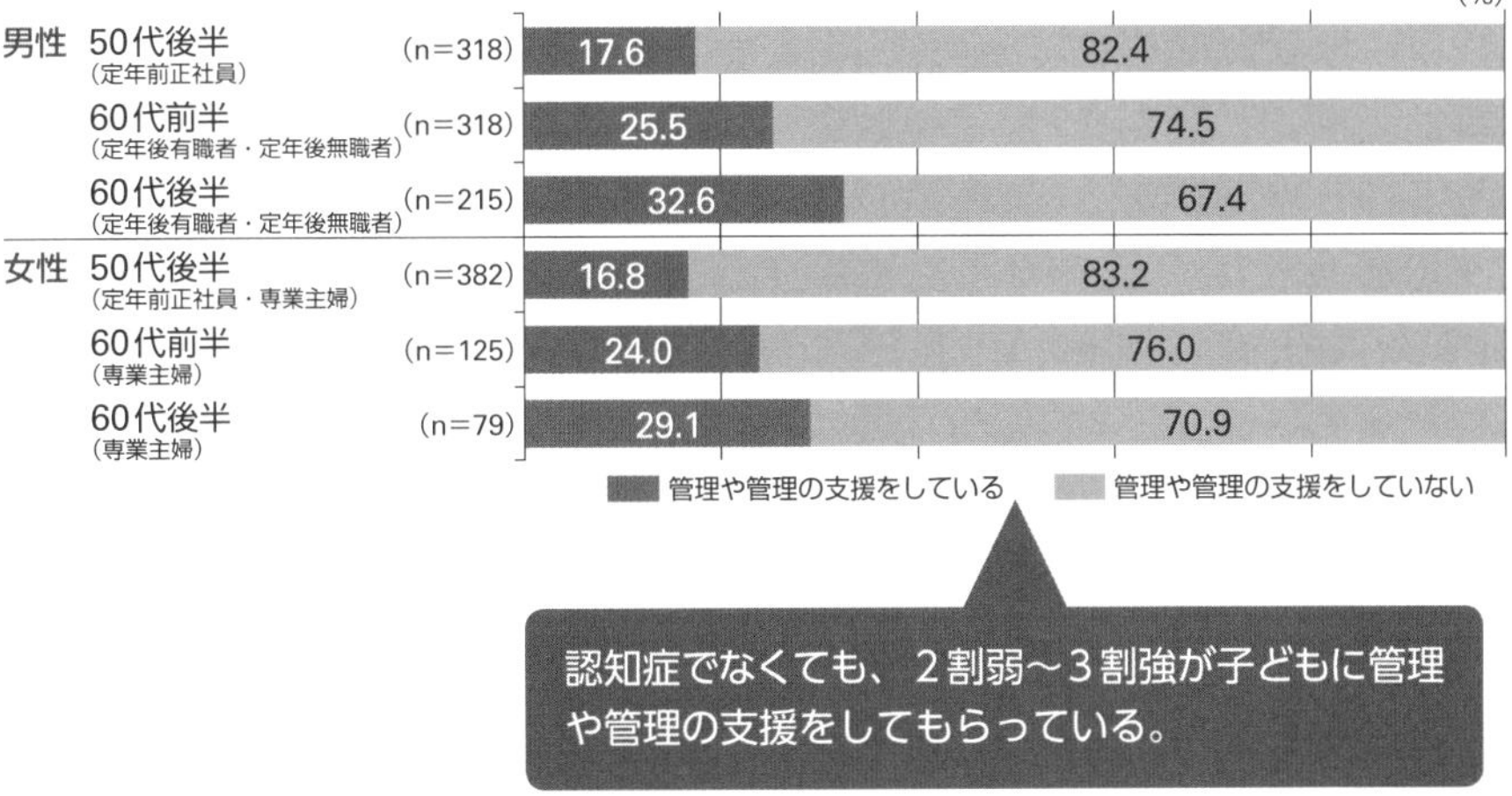

出典：明治安田総合研究所「親の財産管理と金融リテラシーに関する シニア世代の意識と実態」2019年

合があります。委任状などで本人の意思確認ができればいいのですが、書くことが難しいと……。子どもでも同じで、簡単には親の口座からお金を引き出せません。子世代の間では「**お金おろせない問題**」は困った話として度々話題にのぼります。

「代理人カード」や「代理人指名」を活用

金融機関によっては、2枚目のキャッシュカードである「**代理人カード**」を作成できます。いざというときに備えて夫婦それぞれで持っておくと安心です。また、「**代理人指定**」をできる金融機関もあります。事前に配偶者や子どもを代理人として指定しておくことで出金できるのです。

人生では想定外のことが起きます。名義人が出金できなくなったらどうするか、金融機関によって仕組みが違うので、確認して家族間で話し合っておきましょう。図表のように、認知症がない場合でさえ、2割弱～3割強が子どもに管理や管理の支援をしてもらっています。

成年後見制度とは？

成年後見制度で行えること	・介護保険の利用に際しての**契約** ・施設の入退所 ・**財産管理**　など
後見人	・**親族** ・弁護士や司法書士などの**専門家** ※**家庭裁判所**が決定する ※申立人が希望する者が選任されるとは限らない ※専門家を選んだ場合には、本人の財産から**報酬**（月額3〜6万円）を支払うことになる
審判期間	申し立てから2〜4か月
費用	・家庭裁判所への申し立て費用（手数料等）：約1万円 ・精神鑑定の費用：5〜10万円程度

「お金おろせない問題」を未然に防ぐために、子どもから「キャッシュカードの暗証番号を教えておいて」と言われることがあるかもしれません。

教えておくほうがスムーズですが、言わなければならない義務があるわけではありません。親子関係にもよるので、よく考えて判断を。「○○に書いておくから、何かのときは確認して」でもいいでしょう。

事前の備えがなければ「成年後見」を利用

事前の備えがないままCさんの夫のような事態に陥った場合は、お金をおろすために**「成年後見制度」**を使う必要があります。認知症などにより判断力が低下し、お金の管理などが難しくなった人を支援する制度です。後見人がつくだけでなく、本人が不要な高額商品の契約などをした場合に取り消すことができるので、悪徳商法などの被害を防ぐこともできます。

制度を使うためには、**家庭裁判所に申し立て**ます。諸手続きにより、制度の利用開始までにおよそ3〜4か月かかります。また、必ずしも配偶者や子どもが後

Column

認知症の人の預金を家族が引き出しやすく

超高齢社会である日本では、認知症による「お金おろせない問題」が大きな社会問題となっています。

2020年3月、全国銀行協会では各行に対し、認知症の症状がある人の家族が引き出しやすくするための通達を出しました。次の書類を家族が各行に持参すれば、相談に乗ってもらうことができます。ただし、入院費用などに限定されており、全面的な解決手段とはなりません。継続的に預金の引き出しをしなければならない場合は、事前の準備や成年後見制度の利用を検討する必要があります。

相談時に準備するもの

①**預金者本人**の、通帳、キャッシュカード、銀行届出印
②**来店者**の、本人確認書類、預金者本人との関係性が分かる書類（戸籍抄本など）
③お金が必要な理由が分かる資料（入院や介護施設費用の請求書など）

見人になれるとは限りません。後見人は、家庭裁判所が決定しますが、弁護士や司法書士などの専門家が選ばれると、月々数万円の**報酬**が発生することに。

また、「後見人」の権限は大きいので、家族が後見人になった場合には、**「監督人」が選任**されることが一般的です。定められた業務を遅滞なく不正なく行っているかを監視する役割を担います。こちらも、通常報酬が発生します。

報酬が発生するから、というわけではありませんが、家族間で金銭争いなどの問題がないのであれば、元気なうちに配偶者や子どもが出金できる備えをしておくことをおすすめします。Ｐ１６８で紹介する「任意後見制度」を活用するのも一案です。

老後資金

4 今後の暮らしにかけられるお金は？

事例▶ Dさん（70代・女性）

最近、夫の体調が芳しくないため、夫婦で有料老人ホームに入居することを検討しています。

先日、長男に「どうやって探そう」と相談したところ、予算を聞かれたのですが、私は夫名義の資産を把握しきれていないこともあり、答えられませんでした。長男は「いくら出せるかが分からないと、有料老人ホームを探すことはできないよ」と言います。

後日、長男が直接夫に資産状況をたずねると、夫は長男がお金を無心していると誤解したようです。「財産を狙っているのか。とんでもない奴だ」と怒鳴りつけてしまいました。

生活設計に「資産の洗い出し」は不可欠

そもそもですが、配偶者の懐事情を把握しているでしょうか。夫婦はいわば運命共同体。**老後の生活設計をするためには、資産の洗い出しが不可欠**です。

配偶者に内緒で株式や投資信託などをしている人もいるでしょう。どこかにへそくりがある人もいるかもしれません。逆に借金は残っていないでしょうか。

夫婦といえども、すべてを開示することに抵抗があるかもしれません。しかし、ある程度の年齢になったら夫婦間で「知らない」「分からない」では、いざというときに困ります。

また、民間の医療保険や生命保険に加入している場合は、保障内容も夫婦で確認し合っておきたいものです。入院したり、介護が必要になった場合に保険金が

夫婦間で共有しておきたいお金の情報

- ☑ 預貯金 ― 暗証番号も知っている？
- ☑ 株式・投資信託など
- ☑ 年金 ― 月々の受取額は？
- ☑ たんす預金
- ☑ 民間の医療保険・生命保険
- ☑ 不動産
- ☑ ローン・負債 ― マイナスの資産はない？

おりるのかどうか……。

将来的には子にも資産状況を教える

Dさんのように、今後の住まい方を検討することは大切です。どこでどのように暮らすにしても原資が必要で、夫婦の資産がそれに当たります。

将来的には夫婦間だけでなく、子どもにも資産状況を教える必要も出てきます。「自分たちで管理できなくなったら伝える」と言う人もいますが、それでは遅いのです。判断力が低下すると、どこにどんなお金があるかを伝えることができません。前項で説明した通り、「お金おろせない問題」も勃発します。

子から懐事情をたずねられると不快になる気持ちは分かります。しかし、管理できなくなって困るのは自分。理想は、親子の信頼関係を築いて自分たちから話すこと。とはいえ、前項同様、開示しなければいけない義務はありません。親子関係にもよるのでよく考えて判断してください。

5 自宅に住み続けたいけど、老後の生活費が心配…

事例▶ Eさん（70代・女性）

夫が亡くなり、自宅で一人暮らしをしています。今は自立した生活ができていますが、この先のことを考えると不安になります。もし介護が必要になっても、夫が残してくれたこの自宅で暮らし続けたいですが、古い家なので段差も多いし、水回りもすっかり老朽化しています。

先日、長男に相談して調べてもらったら、自宅を担保にしてお金を貸してくれる制度や商品があることが分かりました。リフォーム資金の融資を受けられる住宅ローンもあるとか……。うまく使って、なんとかここで生活を続けたいと思います。

死亡時に売却して一括返済

自宅はあるけれど、月々の年金だけでは心もとない……と将来を心配する人は少なくないでしょう。

「リバースモーゲージ」という言葉を聞いたことはあるでしょうか。老後資金などのために、自宅を担保に銀行などからお金を借り入れ、死亡した時点で自宅を売却して一括返済する仕組みです。内容はそれぞれ異なりますが、扱う金融機関が増えています。

所得の低い高齢者向けに国が実施する**「不動産担保型生活資金」**という同様の制度もあり、こちらは地域の社会福祉協議会が窓口です。貸付限度額は、居住用不動産の評価額の70％程度。貸付額は、1か月当たり30万円以内で、3か月ごとに貸付を行います。

住宅金融支援機構では、使用使途を限定したリバー

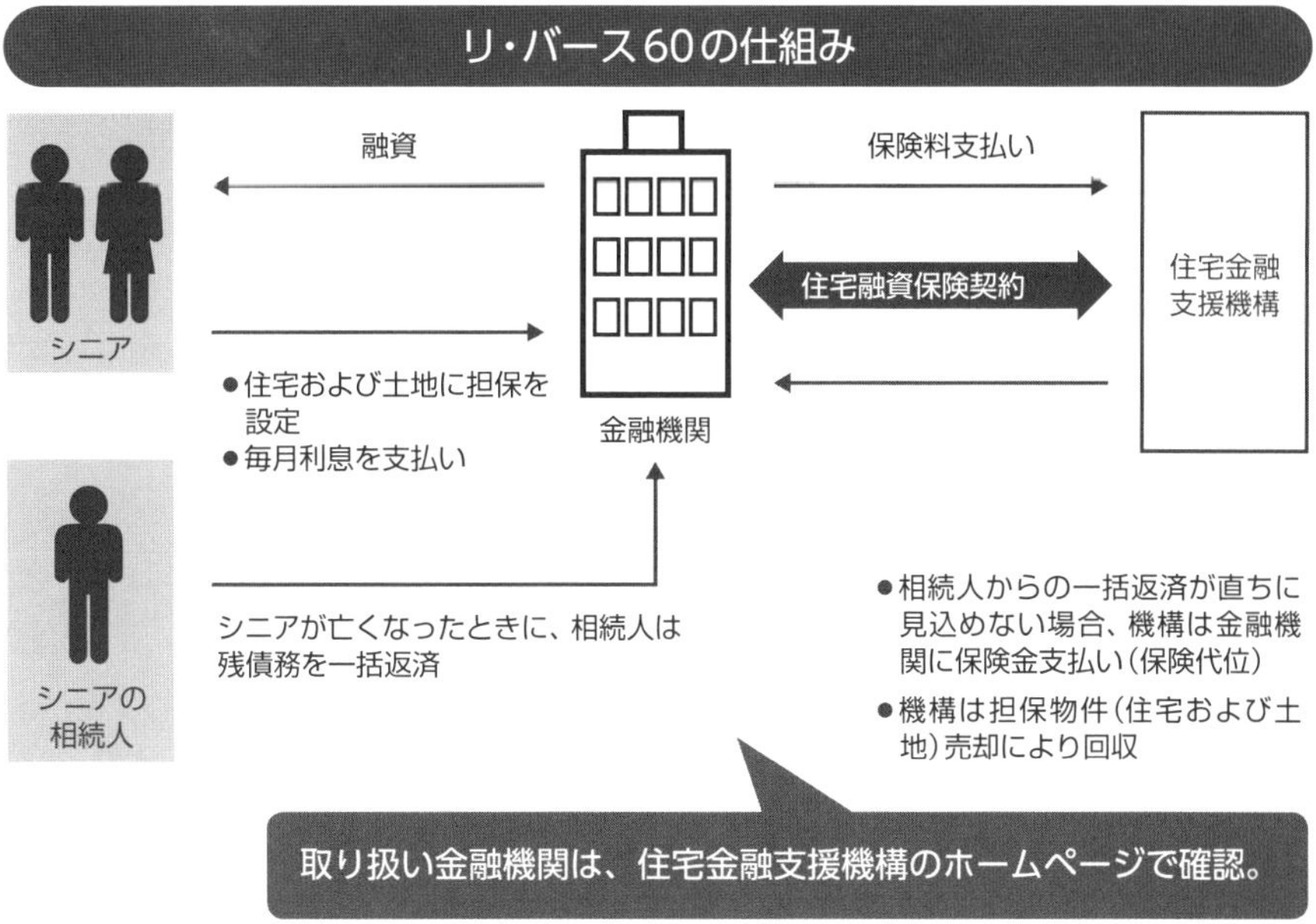
リ・バース60の仕組み
シニア
融資
保険料支払い
住宅融資保険契約
住宅金融支援機構
●住宅および土地に担保を設定
●毎月利息を支払い
金融機関
シニアの相続人
シニアが亡くなったときに、相続人は残債務を一括返済
●相続人からの一括返済が直ちに見込めない場合、機構は金融機関に保険金支払い（保険代位）
●機構は担保物件（住宅および土地）売却により回収
取り扱い金融機関は、住宅金融支援機構のホームページで確認。

参考：住宅金融支援機構ホームページ

スモーゲージ型住宅ローン「リ・バース60」を提供しています。上図の通り、住宅の建設・購入、リフォーム、借換えなどに特化した商品です（金融機関ごとに内容は異なる）。

リバースモーゲージの注意点

リバースモーゲージは、**愛着ある自宅を離れずにすむ**方法ではありますが、デメリットもあります。**想定以上に長生きするとお金を借りられなくなったり、債務が残ったりする**ことです（リ・バース60では、担保物件を売却後に債務が残った場合も相続人に請求しないノンリコース型も）。さらに、担保となる不動産の評価額は年月とともに下がる可能性があり、そうなると融資金額が見直されます。そもそも融資限度額は評価額の40～70％ほどと、「売却」と比べて安いのです。

当然ながら、子どもは相続できなくなるので、利用する場合は事前承諾が必要です。

●住宅金融支援機構 https://www.jhf.go.jp/index.html

不動産担保型生活資金の概要

貸付限度額	居住用不動産（土地）の評価額の70％ （評価額は概ね1,500万円以上）
貸付期間	借受人の死亡時までの期間、または貸付元利金が貸付限度額に達するまでの期間
貸付額	1か月あたり30万円以内の額（臨時増額可能）を3か月分ごとにまとめて貸付
貸付利子	年利3％または毎年4月1日時点の長期プライムレートのいずれか低い利率
償還期限	・借受人の死亡など貸付契約の終了後、措置期間が3か月 ・償還期限を過ぎた場合は、償還完了までの間、延滞利子（年3.0％）発生
償還の担保措置	・居住する不動産に根抵当権等を設定 ・推定相続人の中から連帯保証人1名を選任

〈注意点〉

- マンションなどの集合住宅は対象外
- 居住していない不動産は対象外
- 同じ敷地内に子ども世帯の家が建っている場合や、二世帯住宅の場合は対象外　など

金融機関でも、似た形の商品をリバースモーゲージとして扱っている。

Column

リースバックとリバースモーゲージの違いとは？

リバースモーゲージと似た「リースバック」という商品もあります。自宅を不動産会社などに売却して代金を受け取り、同時に賃貸契約を結んで、その後は家賃を払いながら同じ家に住み続けるものです。

リースバックもリバースモーゲージも自宅に住み続けながら老後資金を調達するという方法ですが、「即時売却」と「担保にして、自分の死亡後に売却」という大きな違いがあります。前者は資金を一括して受け取り、後者は生きている間、少しずつ受け取ることになります。

比較すると下表のようになりますが、商品ごとの違いもあるので、検討の際は、子どもとも相談して慎重に選びたいものです。

	リースバック	リバースモーゲージ
内容	売却後、そのまま賃貸	担保にして、定期的に一定額を受け取る
所有権	なし	あり
担保の設定	不要	必要
ポイント	・売却するので、活用の幅が広い ・毎月、家賃が発生	・借入なので、活用の幅は限定される ・家賃は不要で、月々の支払いは利息のみ
子の事前承諾	不要	必要

＊商品により、内容は異なる。

6 自宅を貸して老人ホームの月々費用にあてたい

事例▶Fさん（70代・男性）

妻が亡くなって以降、一人暮らしです。有料老人ホームに入居することを考え始めましたが、月々の費用面が心配です。

自宅の売却も考えないわけではないのですが、自分が死んだ後、この家を息子に引き継いでほしいという気持ちがあります。

自宅を貸して賃貸収入をホームの月々費用にあてることも考えましたが、借り手が出ていくと収入が途絶えてしまう不安もあり……。それに、一旦貸してしまうと、不動産を処分したくても居座られたりする可能性もありますよね。

子への相続もOK、「マイホーム借上げ制度」

前項の「リバースモーゲージ」を利用すると、自分が生きている間は自宅に住み続けることができますが、子に相続させることはできなくなります。Fさんのように、「子に引き継いでほしい」という人もいるでしょう。

一方、「貸す」という選択なら、所有権はなくなりませんが、空室となったときのことが心配です。お金が入ってこなくなりますから。

こうした課題の解決策として、**「マイホーム借上げ制度」**は一考の価値があるかもしれません。

移住・住みかえ支援機構（JTI）が実施するもので、シニア世代が自宅を貸し出すシステムです。通常の賃貸と異なり、JTIが借り上げて一般の人に転貸

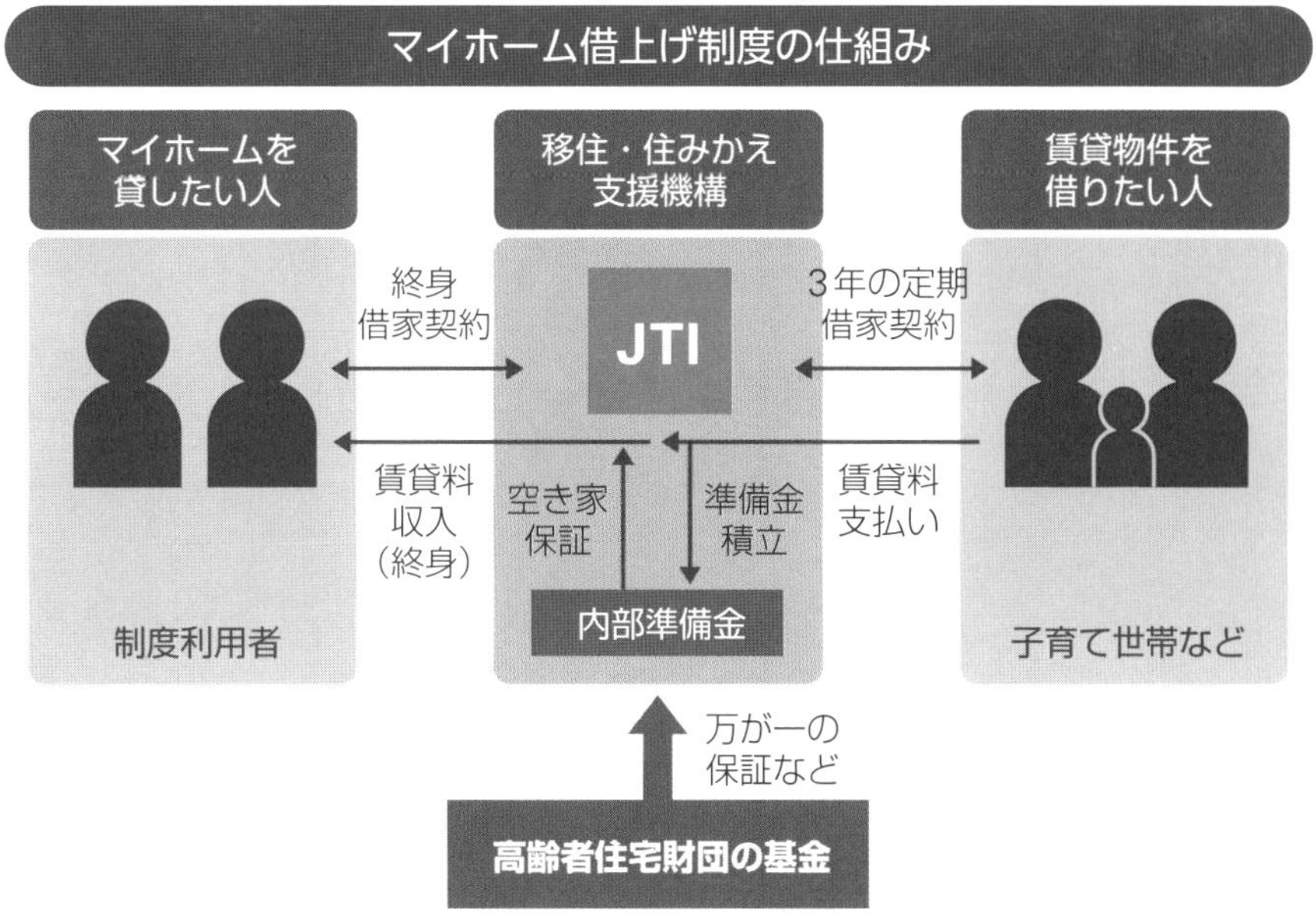

参考：一般社団法人移住・住みかえ支援機構ホームページ

します。利用申し込み後、**一人目の入居者が決定以降は、空室が発生しても規定の最低賃料が保証**（査定賃料下限の85％が目安）されるので、有料老人ホームの月々料金にあてることもできます。

3年ごとに契約が終了する定期借家契約を活用するので、賃貸人が居座ったり、立ち退き料を請求されたりすることもありません。定期借家契約終了時に自宅に戻ることも、**子どもに相続**させることもできます。

賃料は相場より安い

もちろん、デメリットもあります。当然ながら、**賃料が相場よりも安い上に、15％の手数料も発生**するので、自分で管理するのと比べると得られる金額が少なく感じるでしょう。そもそも**一人目の借り手が見つからないと、契約は成立しない**ことも忘れてはなりません。

● 一般社団法人移住・住みかえ支援機構
https://www.jt-i.jp/

7 老後は2000万円必要!? 民間介護保険には入ったほうがいい？

事例▶ Gさん（60代・女性）

昨年、101歳の母親を看取りました。最期まで在宅だったので、介護の負担は相当なものでしたが、「やりきった」という実感があるので後悔はないです。

ただ、大変さを知ったからこそ、もし自分に介護が必要になったら、子どもには同じことをさせたくありません。ホームヘルプサービスなどを利用して、どうしても追いつかなくなったら施設に入るつもりです。

それには先立つものがいりますよね。「老後に2000万円必要」という報道もあったので不安です。民間の介護保険に入ろうかと考えています。

介護にはいくらかかるのか？

もし自分や配偶者に介護が必要になったら、費用がいくらかかるのか知りたい人は多いと思います。生命保険文化センターの報告（平成30年）では、**在宅介護の場合の平均は月5万円、施設介護の場合の平均は11万8000円**という数字が紹介されています。在宅介護の出費でもっとも多いのは、月1万〜2万5000円とのことです。

しかし、親の介護を経験した人なら分かるように、どんなサービスをどれだけ利用するか、どんな施設を利用するかによって費用は大きく変わります。

要介護度や介護が必要な期間、介護保険外のサービスを利用するかどうかによっても違いが生じます。そもそも介護保険のサービスを利用する際の負担割合に

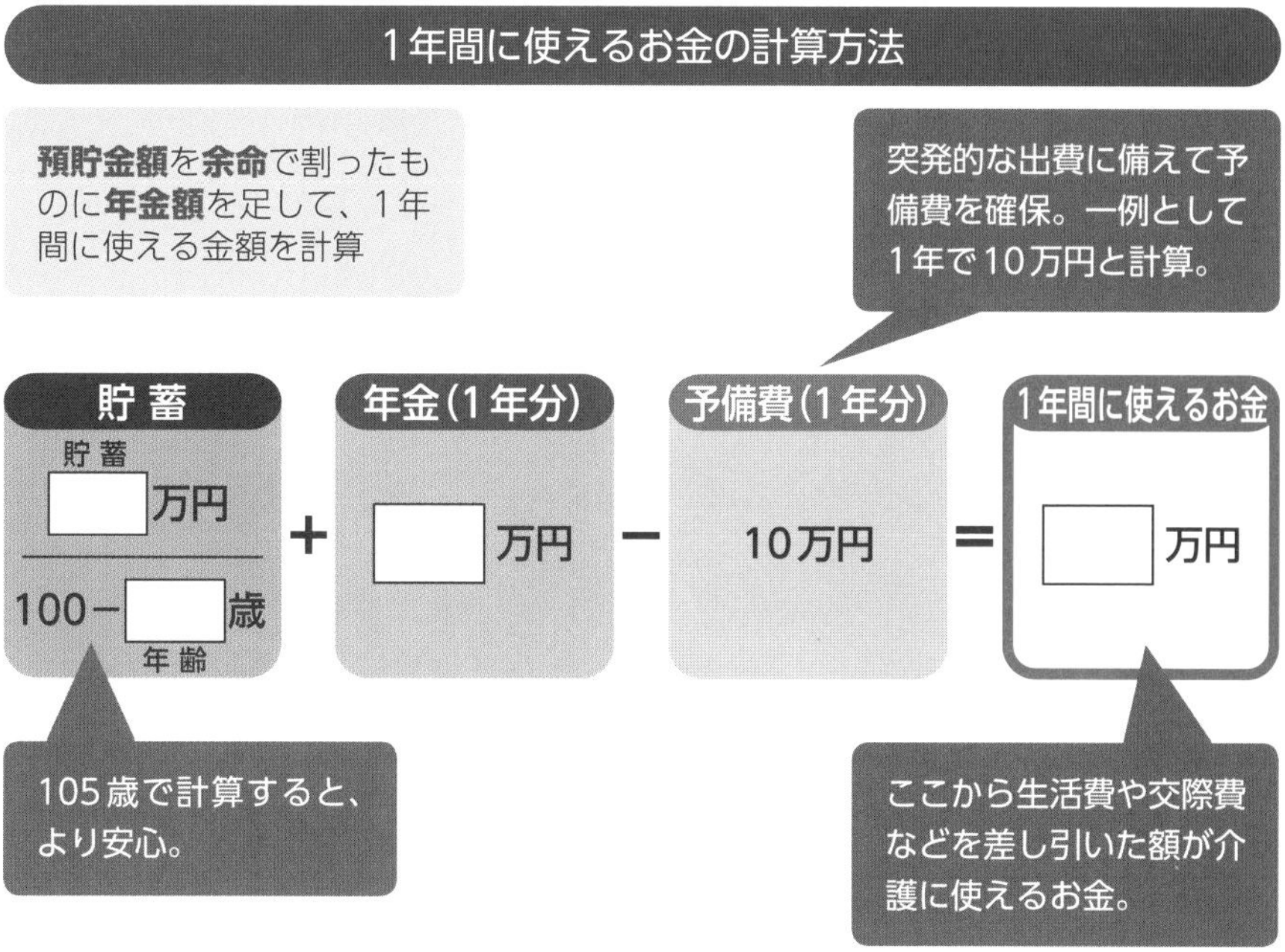
1年間に使えるお金の計算方法
預貯金額を余命で割ったものに年金額を足して、1年間に使える金額を計算
突発的な出費に備えて予備費を確保。一例として1年で10万円と計算。
貯蓄
貯蓄
万円
100－
歳
年齢
＋
年金（1年分）
万円
－
予備費（1年分）
10万円
＝
1年間に使えるお金
万円
105歳で計算すると、より安心。
ここから生活費や交際費などを差し引いた額が介護に使えるお金。

も1〜3割と幅があり（P74）、結局、**「平均額」というのはあまり参考にならない**ともいえるでしょう。**介護費用は「いくらかかるか？」ではなく、「いくらかけられるか？」**なのです。P47で洗い出した資産から、どの程度かけられるか、かけたいかを考えましょう。ちなみに、貯蓄と年金から年間予算を出す方法は上図の通りです。**100歳まで生きると想定して計算**しましょう（105歳までと計算すると、より安心です）。

生活費についても家計調査で平均額が出ていますが（P57）、これもあくまで平均です。データはデータとして、自分たちの収支の目安をイメージすることが大切です。

貯蓄性ありの民間介護保険は保険料が高い

公的な介護保険を利用しても、自己負担分はあります。特に、施設介護を利用すれば高額な費用がかかります。そこで、Gさんは民間の介護保険に加入すべきかどうか悩んでいるわけです。

公的介護保険と民間介護保険の主な違い

	公的介護保険	民間介護保険
給付	現物給付（サービス）	現金給付（一時金、年金）
要介護度の判定	認定調査と医師の意見書により自治体が決定	・保険約款による ・公的介護保険に連動するタイプと、保険会社独自タイプがある
給付額	要介護度ごとに決まる	契約時に選択
加入	強制加入（40歳以上）	任意加入
申請先	自治体の役所	保険会社、共済各社

民間介護保険とは、一言で説明すると、所定の要介護状態となった場合に給付金を受けられる商品です。公的介護保険の給付は「現物給付」といって**サービス**なのに対し、民間介護保険では**現金**を受け取ることができます。

しかし、所定の要介護状態になるかどうかは、誰にも分かりません。そのため掛け捨てではない貯蓄性のある商品に目が行きがちです。ところが、Gさんのようにすでに60代になっていると、月々の保険料は安くはありません。それなら、介護に限定せず、**どんなリスクにも備えられる現金で残す**のもいいのでは……とも思います。

民間保険の給付金の受取方法は、「一時金」「年金」「一時金・年金の併用」など。また、保険期間は生涯のものと、10年など期間を定めたものがあります。

後の項で説明する「高額介護サービス費」（P74）なども理解した上で検討しましょう。

65歳以上の家計収支の平均

〈高齢夫婦無職世帯の家計収支〉

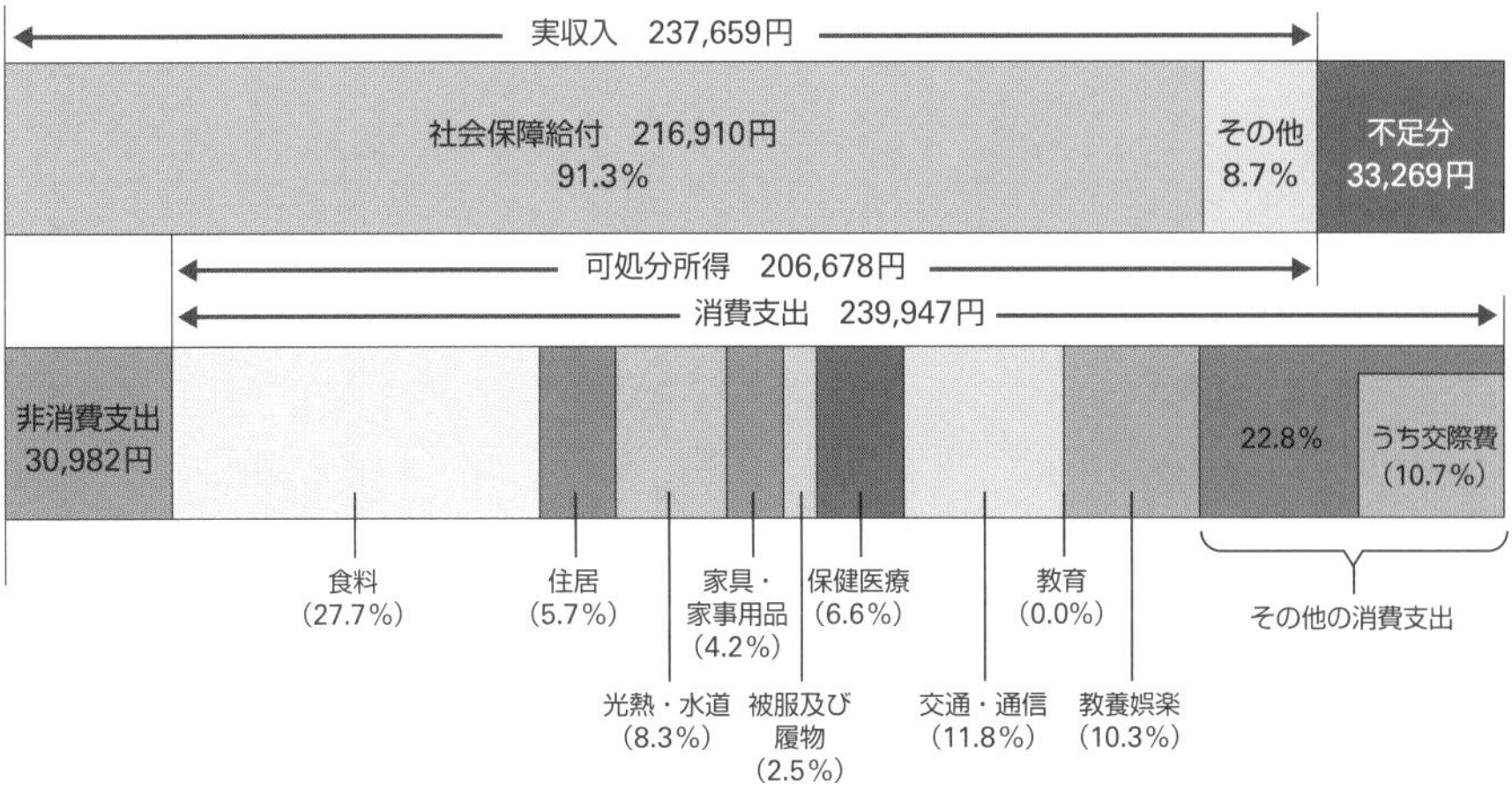

〈高齢単身無職世帯の家計収支〉

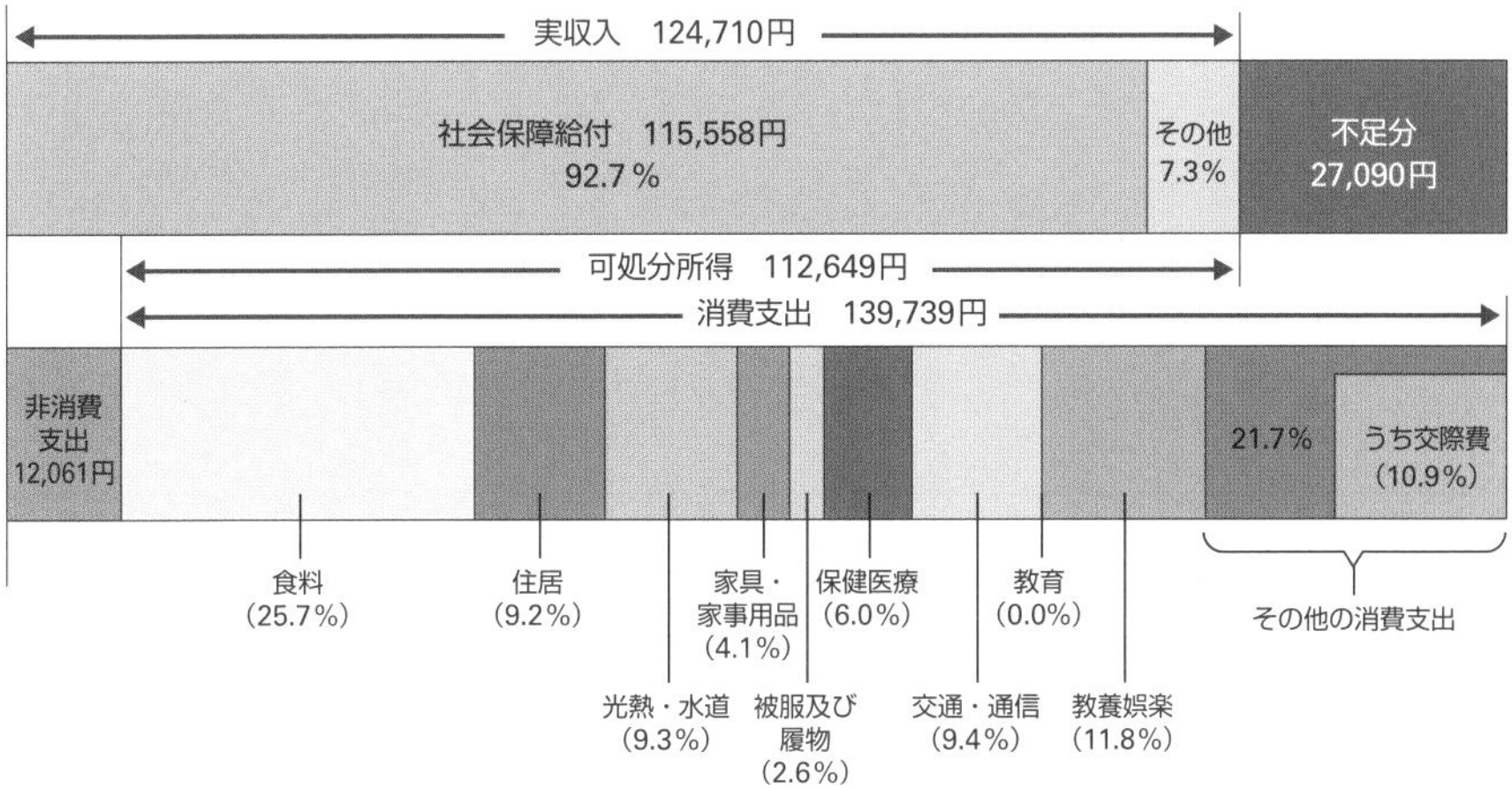

注 1) 高齢夫婦無職世帯とは，夫65歳以上，妻60歳以上の夫婦のみの無職世帯である。
2) 高齢単身無職世帯とは，60歳以上の単身無職世帯である。
3) 図中の「社会保障給付」及び「その他」の割合（%）は，実収入に占める割合である。
4) 図中の「食料」から「その他の消費支出」の割合（%）は，消費支出に占める割合である。
5) 図中の「消費支出」のうち，他の世帯への贈答品やサービスの支出は，「その他の消費支出」の「うち交際費」に含まれている。
6) 図中の「不足分」とは，「実収入」から「消費支出」及び「非消費支出」を差し引いた額である。

あくまで「平均」で、いくら使うかは、それぞれ異なる。だからこそ、資金計画が必要！

出典：総務省統計局「家計調査年報（家計収支編）」2019年

8 認知症で配偶者と子に賠償責任？

事例▶ 報道より

2007年、愛知県在住の男性（当時91歳・重い認知症）が徘徊。列車にはねられ亡くなりました。

JR東海は男性の家族に対して、振り替え輸送などにかかった費用の720万円を支払うように提訴。名古屋地裁は、男性の妻と横浜市在住の長男に対して支払いを求め、二審の名古屋高裁は「妻にだけ責任がある」として、半額の約360万円を支払うよう命じました。

その後、最高裁では、今回の場合は妻にも長男にも監督義務はなく、賠償金を支払う責任はないとの判決を出し、JR東海の逆転敗訴が確定しました。

個人賠償責任保険で備える方法

上記はニュースでも取り上げられた事例で、認知症による徘徊の結果、その妻と遠方に暮らす長男が提訴されました。覚えている人も多いのではないでしょうか。

この一件ではJR東海が敗訴しましたが、もし家族が負ければ支払いが生じます。かといって、24時間、そばで見守り続けるのは難しいことです。

解決策とまでは言えませんが、**個人賠償責任保険への加入**が不安軽減の一助となるかもしれません。通常の個人賠償責任保険では成人の場合、**同居家族が対象**となります。この男性のケースだと妻は保険金を受け取れますが、別居の長男は対象外です。が、この事故をきっかけに一部の損害保険会社は遠方に暮らしている家族も受け取れるよう補償対象を拡げています。

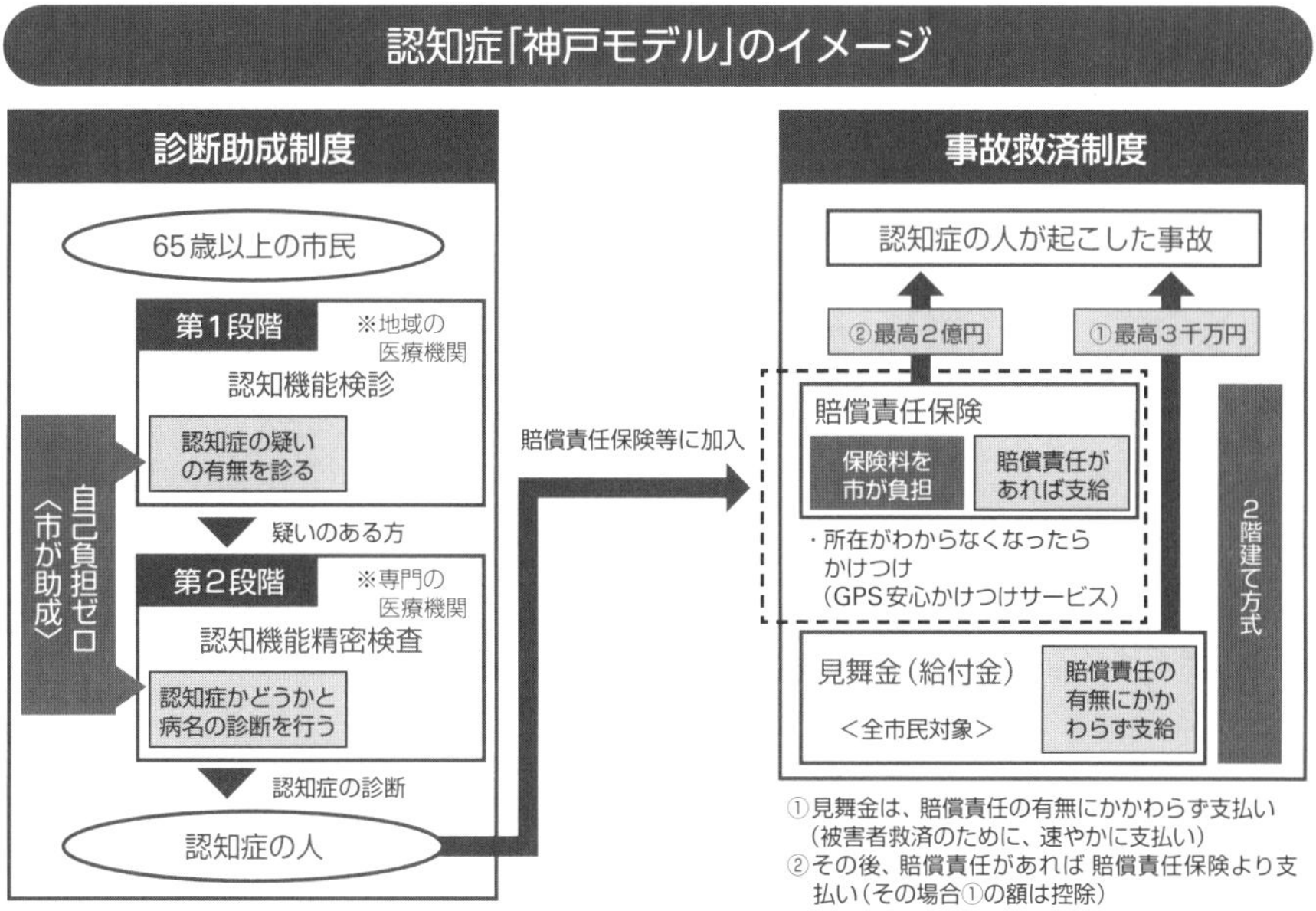

出典：神戸市「認知症『神戸モデル』の概要」

認知症「神戸モデル」とは

認知症の人の事故に備える自治体の取り組みも始まっています。例えば神戸市では、認知症診断助成制度と認知症事故救済制度を組み合わせて実施（認知症「神戸モデル」）。65歳以上の市民は自己負担なしに認知症の診断を受けることができ、認知症と診断された人は事故に備えた賠償責任保険に加入（無料）できるほか、所在不明になった際のかけつけサービスを含むGPSの導入支援（一部有料）が利用できます。また、事故に遭った全市民に見舞金が支給されます。

他にも認知症の人が加入できる保険を提供する自治体はあります。気がかりな場合は、そうした**支援の有無を地域包括支援センターに問い合わせ**ましょう。徘徊などがあると、場合によってはこの事例のような賠償事故などに発展する可能性もあるので、注意が必要です。

子からの経済的支援

9 子どもからの仕送りは、期待できる？

事例▶ Hさん（70代・女性）

夫婦で自営業を営んできましたが、新型コロナの影響で受注が激減し、廃業を決めました。これからは、二人分を合わせて月13万円ほどの国民年金だけで生活しなければなりません。

今後、生活に困ったら、息子に仕送りするように頼もうと、夫は言っています。かつて自分も親に仕送りをしていたので、息子もそうして当然という考えです。

私は「子どもに仕送りしてもらうなんてとんでもない。絶対にそんな申し出をしてはダメ」と夫を制止しているところです。

子からの仕送りは難しい

昔は子から老親への仕送りは普通のことだったのかもしれませんが、現在は、かなり少なくなっています。国の調査によると、**別居の親への仕送りを行っているのは4％以下**という結果です。

経済が右肩上がりの時代とは異なり、給料はなかなか上がらない一方で、税金や社会保険料はアップ。子どもにとって、毎月親にお金を送ることは容易ではないといえるでしょう。また長生きになっているので、例えば70代のHさん夫婦がともに100歳を超えて生きるとしたら、あと30年。その頃、子どもも定年退職を迎えているのではないでしょうか。もしかしたら、Hさんたちは元気で、子どもに介護が必要になっているかも……。

大部分の子世帯は親に仕送りしていない

世帯主の年代	親へ仕送りしている割合
30～39歳	2.9%
40～49歳	3.3%
50～59歳	4.0%
60～69歳	2.5%

別居の親に仕送りしている子世帯は４％以下。そのうち、仕送り額でもっとも多いのは２～４万円。平均は５万4,000円。

出典：厚生労働省「国民生活基礎調査」2019年より作成

家族それぞれの考え方があり、経済事情も異なるので正解はありませんが、**原則、仕送りはあてにしないほうがいい**と思います。要求すれば、子どもをつらい立場に追い詰める可能性もあります。

本当に困ったら「生活保護」を

年金額が少なく貯蓄もない場合は、**「生活保護」の利用を検討**しましょう。今後、医療や介護が必要になったときにも、負担が大幅に軽減されます。介護度が重くなれば施設にも入居可。

「持ち家があるから、生活保護は利用できない」と思っている人もいますが、立地条件などから売ることが困難な物件も少なくありません。売れないのに「売れ」とは言われません。**一定額の年金がある場合も、不足分を受給できる可能性**があります。詳細は自治体の福祉事務所で相談しましょう。

10 「子の扶養」にしてもらうと得なの？

事例▶Iさん（60代・女性）

シングルマザーとして、子どもを育てながら働いてきました。子どもが独立してからは一人暮らしです。

この度、定年退職を迎えることになりましたが、ずっと働いてきたので、ぜいたくをしなければ暮らしていけるだけの貯えはあります。

先日、子どもから「健康保険だけでも扶養に入る？」と聞かれました。入れてもらえば、保険料の負担がなくなりますが、自分が扶養されることで、子どもが何か損をしたりしないでしょうか。

「扶養」には2種類ある

混同しがちですが、「扶養」という言葉には2種類あります。一つは前項と関連しますが、**子から生活費を仕送りしてもらった場合などの税法上の扶養**。同じ財布で生活していて（別居も可）年金のみの収入なら、年158万円以下が対象です。扶養されると、子は「老人扶養控除」などを受けることができます。

もう一つは**健康保険の「扶養」**です。

定年退職後の健康保険には、上の通り3つの選択肢があります。この中で、保険料の負担がもっとも軽くなるのは、家族の健康保険の扶養になること。退職者本人や配偶者は、健康保険料を払わなくてもよいのでお得です。扶養に入れる側も、それによって保険料が上がることはありません。

定年後の「健康保険」選択肢

①加入していた健康保険を任意継続する（2年間）
②国民健康保険に加入する
③家族が加入している「健康保険」（協会けんぽ、組合健保）の被扶養者になる

子の健康保険の扶養に入る条件

- 年収が180万円未満（税引前総支給額）
  【同居】被保険者の年収の2分の1未満
  【別居】被保険者からの仕送り額より少ない
- 被保険者の直系の尊属（父母、祖父母など）
- 同居の場合は、被保険者が実子の配偶者でも可

年金が月15万円未満なら検討

子の健康保険の扶養に入るためには、条件があります。60歳以上なら年収は180万円未満であること。年金収入だけの場合は、月15万円までです。同居の場合は実子の配偶者でも可能ですが、別居の場合は実子である必要があります。

ただし、75歳になると全員が後期高齢者医療保険に加入することになるため、健康保険の扶養からは自動的に外れ、保険料の支払いも復活します。

注意したいのが、**高額療養費**（P72）**は加入者本人の所得によって決まる**点です。子の健康保険の扶養に入ることで、自分自身で加入するよりも**医者にかかった場合の支払額の総費用が高額になる可能性**があります。

11 子と同居したら医療費や介護費用が高額に！

事例▶ Jさん（70代・女性）

もともと要介護の夫と二人暮らしでしたが、昨年から会社員の長男家族と同居を始めました。その後、夫が病気で入院。退院後は3か月間、介護老人保健施設に入居。今は在宅介護に戻っています。

驚いたのは入院費や介護費用が高くなったこと。夫婦で暮らしていたときと比べて2倍以上の額を請求されたのです。年金から天引きされる介護保険料も上がっています。

しかも以前は、夫のために洗濯や食事の準備をするホームヘルプサービスを利用していたのに、同居後は「対象外」となってしまいました。

「世帯」が同じか別かの影響は大きい

健康保険や介護保険の保険料や自己負担額は、世帯所得によって決まります。とりわけ**「世帯全員が住民税非課税かどうか」により負担額は大きく変わる**こととなります。

夫婦だけの世帯で年金が少ないと、「世帯全員が住民税非課税」に該当し、自ずと負担額は軽くなります。おそらくJさんは、長男と同居したタイミングで世帯を一緒にしたのでしょう。そうなると、世帯全員が住民税非課税に該当しません。

例えば、入院時の食事代は、年金がごくわずかしかない場合は1食100円ですが、会社員の子と同じ世帯になると1食460円に。1日（3食）では1080円の差、1か月入院したら3万2400円の差とな

同居でも世帯を分けられるケースも

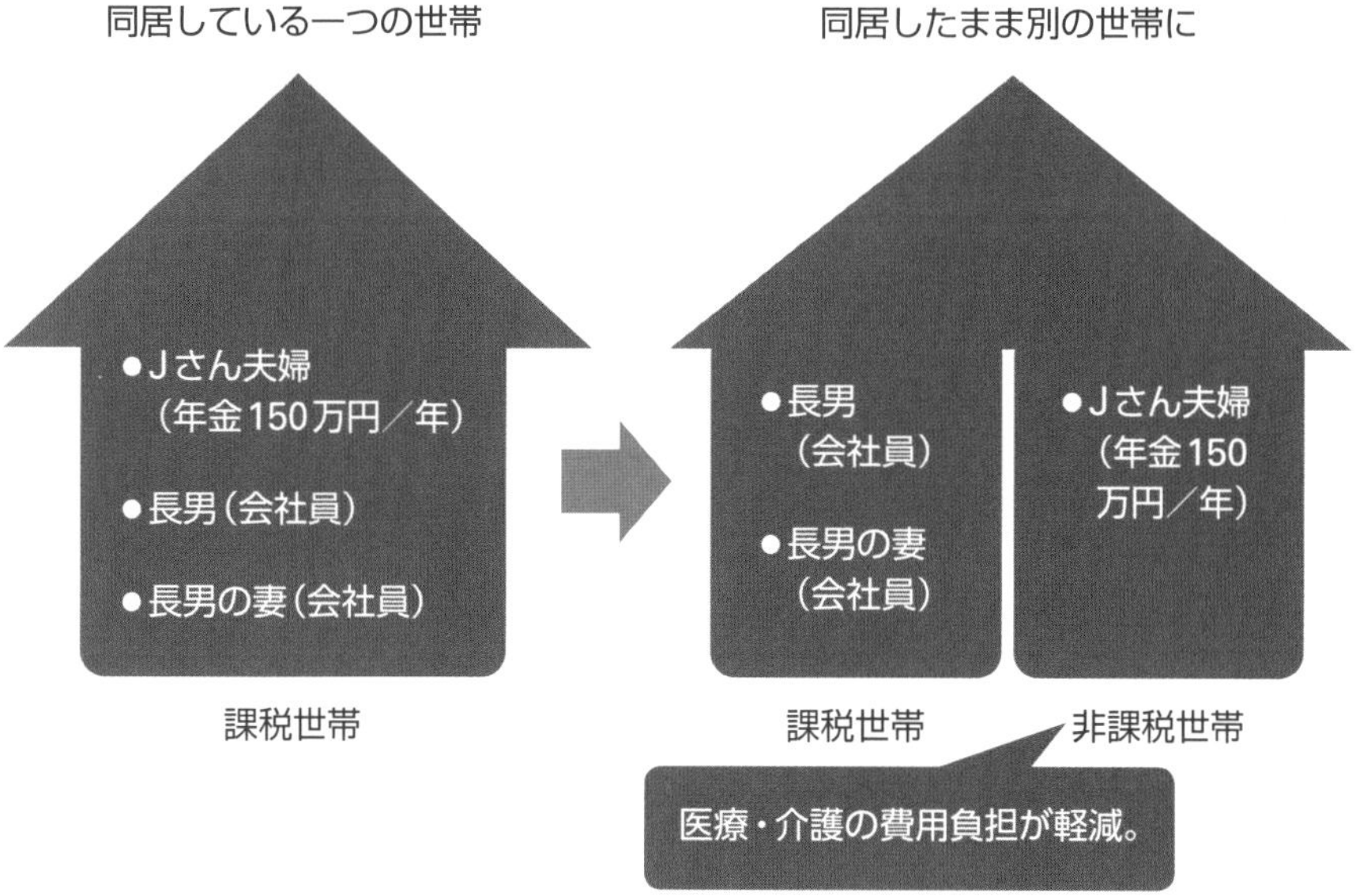

ります。

介護老人保健施設に入居する場合も住民税非課税世帯なら月4万7000円ほどの支払いが、子どもと同じ世帯だと10万円以上に跳ね上がることとなります。

「世帯変更届」で世帯分離を

子ども世帯と同居しても、財布が別（生計が別）なら、役所に**「世帯変更届」を提出して世帯を分けること**ができます。

ただし、これは負担を減らす裏ワザとして、ネット記事などでも紹介されているため、自治体によっては慎重な姿勢のところも。「負担を減らしたいから世帯を分けたい」などと相談すると、門前払いの可能性もあります。

また、世帯を分けることで、**子どもの勤務先から支払われるはずの扶養手当がもらえなくなる**などのデメリットが生じるケースもあります。子どもともよく相談しながら検討しましょう。

世帯分離による負担減の例
（82歳、要介護2、会社員の長男夫婦と同居、年金年額72万円の場合）

	世帯分離により「住民税非課税世帯」に
介護保険料 **年額57,600円** →	**30,000円**
入居している介護老人保健施設（多床室）の「居住費」と「食費」 **107,000円** →	**47,000円**

ただし、所得が低くても一定以上の預貯金がある場合は（通帳のコピーなどを提出）、「居住費」「食費」の軽減措置は受けられない。

同居後に使えなくなるサービスもある

住民票が一緒かどうかに関係なく、**子と同居すると使えなくなるサービス**があることも知っておきましょう。

高齢者だけで暮らしていると、介護保険のホームヘルプサービスで「生活援助」を利用できます。ヘルパーさんに掃除・洗濯・買い物・調理などの支援をお願いできるものですが、同居家族がいると、通常、対象外です。

さらに、今後、Jさんの夫が特別養護老人ホームへの入居を検討した場合、夫婦だけで暮らしていたときに比べて、**入居まで時間がかかる**ことが一般的です。特別養護老人ホームの入居は申込順ではなく、必要度合いの高い人が優先されるからです。家族がいれば「何とかなるだろう」というのが国の考え方なのかもしれません。

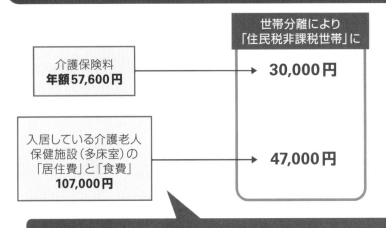

「一人暮らし・高齢者のみ世帯」が利用できるサービスの例

- 食事の宅配サービス（昼食や夕食を個別宅配）
- 緊急通報システムの導入（緊急時に通報できるボタンの設置）
- ふれあい訪問（安否確認のために個別訪問や電話）
- 火災安全システム（電磁調理器・自動消火装置などの貸し出し）
- 会食サービス（地区会館などに集まっての食事会）

など

介護保険のホームヘルプサービスのうち「生活援助（家事援助的サービス）」は、子と同居すると対象外となる自治体が多い。一方で、多くの自治体で「一人暮らし・高齢者のみ世帯」向けのサービスを用意している。内容や名称、料金は自治体によって異なるので、地元の地域包括支援センターに問い合わせを。

2章 お金

高齢者のサービスにおける「一人暮らし」「高齢者のみ世帯」の定義（東京・世田谷区の場合）

一人暮らし	…	一緒に生活している家族などがいない65歳以上で、近隣（徒歩5分以内）に、いつもその人の様子を知ることができる18歳以上65歳未満の親族などがいない人
高齢者のみ世帯	…	65歳以上の人だけで生活し、近隣（徒歩5分以内）に、いつもその世帯の様子を知ることができる18歳以上65歳未満の親族などのいない世帯

複数の預貯金口座

12 口座振替の金融機関がいくつもある…

事例▶Kさん（80代・男性）

家計管理はすべて妻に任せてきました。しかし、その妻が入院をきっかけに認知症のような状態になってしまったのです。

あるとき、電力会社から「電気料金の引き落としができない」と連絡が来て、慌てて妻に聞きましたが要領を得ません。仕方なく、たんすの引き出しを探すと、通帳が8通、印鑑が7本、キャッシュカードが5枚出てきました。

しかも、電気、ガス、水道、電話、新聞、クレジットカードなどの料金は、別々の口座から引き落とされていたのです。

家族が通帳の紐解きをするのは困難

複数の口座からバラバラに公共料金などの引き落としが行われている——そのようなケースでは、自分で管理できなくなると家族に大迷惑をかけることになります。実際、**親の通帳の紐解きに苦労する子**の姿を見かけることが多々あります。

家族は複数の通帳を見つけると、すべての通帳を記帳するところからスタートします。残高がほとんどない口座から定期的に引き落としがあることが分かれば、たくさん入っている口座からお金を移したいと考えますが、口座の名義人でなければ、家族でもお金の移動は容易でないことは既述の通り（P42）。仕方なく、1件ずつ、支払い方法の変更手続きを行うことになります。

通帳を整理しよう

存在を忘れている通帳がないか、引き出しの奥まで確認を！
旧姓、子ども名義のものなども忘れずチェック。

①自分名義のすべての通帳を並べてみる

②それぞれの通帳の存在目的をメモしてみる

③存在目的のない通帳は解約

④「口座振替」はできるだけ年金受給の口座に統一

多くても３通くらいに絞る！

しかし、通帳に記載されている文字だけでは、引き落とし内容の把握が難しい場合もあります。また、通帳未記帳の取り扱いが一定の数を超えると、入金・出金の合計件数と合計金額が**「合算記帳」され、取引明細の内訳が分からなくなる**ことも。さかのぼるには金融機関の窓口で依頼する必要がありますが、家族が行うときは本人の委任状を求められます。もし、本人が委任状を書けない状況だったら……？

引き落としは年金の入金口座に統一

複数の通帳を持っている人は、**元気なうちに必要分だけに整理**しましょう。その際、**口座振替を年金が入金される口座にまとめておく**と、一時的に管理できなくなっても、公共料金などが未納になることを防げます。未納連絡を見落とすと、「電気がつかない！」などの事態に陥りかねないので気をつけたいものです。

通帳の整理をすると、放置したままの口座が見つかるかもしれません。10年たつと「休眠預金」の扱いになっていますが、手続きをすれば引き出せます。

13 年金機構の書類を確認せず、税金を払いすぎた

事例▶ Lさん（60代・男性）

10年以上前に妻を亡くし、一人で暮らしています。月々25万円ほどの年金収入があり、税金を納めています。

毎年、日本年金機構から「扶養親族等申告書」という書類が送られてきますが、扶養する家族がいないので、よく読まずに処分していました。

ある日、離れて暮らす息子から「『扶養親族等申告書』を返送しているよね？」と電話で確認されました。戻していないと答えると、「何やってるんだ。出してないなら、税金を払いすぎているぞ」と叱られてしまいました。

「扶養親族等申告書」は返送の必要あり

受給している公的年金から税金が源泉徴収されている場合、毎年**「扶養親族等申告書」**が送られてきているはずです。送られてきたら、扶養親族がいない場合でもきちんと確認して、障害者や寡婦（寡夫）に該当すれば申告しましょう。返送しないと、払わなくてもいい税金を源泉されてしまう可能性があります。

実は、Lさんは心臓にペースメーカーを入れており、障害者手帳を持っています。そのため扶養親族等申告書を提出すれば**障害者控除が受けられる**のです。

聞き慣れない言葉ですが、**「寡婦（寡夫）」となっている人も返送が必須**。男性（寡夫）は生計を一にする子がいることが要件ですが、女性（寡婦）は生計を一にする子がいなくても、夫と死別して所得が年500

「扶養親族等申告書」の提出が必要な理由

	年金受取時
提出した	一般的に、申告書を提出しない場合に比べて、年金受取時の税金が少なくなり、手取り額は高くなる
提出していない	一般的に、申告書を提出した場合に比べて、年金受取時の税金が多くなり、手取り額は低くなる

万円以下なら寡婦控除の対象です。女性は夫亡き後、該当する人が多いと思います。

介護認定で「障害者控除」を使える場合も

Lさんは障害者手帳を持っていますが、高齢者の場合、**手帳を取得しなくても「障害者控除対象者認定書」の交付を受けられる場合**があります。

住んでいる自治体によって対象の範囲は違いますが、介護保険で「要介護」と認定されている場合は、役所の介護保険課で確認したほうがいいでしょう。認定書の交付を受けることができれば、手帳がなくても「扶養親族等申告書」の障害者欄にチェックを入れて返送。これで申告は完了です（もちろん、確定申告での申告も可）。

障害者や寡婦での控除ができれば、税金が安くなるのはもちろん、医療費や介護費も安くなる可能性が高いです。

14 月をまたいで入院したら自己負担額が増えてしまった

事例▶ Mさん（70代・男性）

今年に入って、健康診断で病気が見つかり入院・手術しました。入院したのが1月21日で、退院したのは2月10日。「高額療養費」の適用で、「大きな負担にはならないだろう」と高を括っていました。

ところが蓋を開けてみると、1月の医療費は5万7600円、2月も5万7600円。食事代も1食460円かかり、その他いろいろで想像よりかなり高額！

月をまたいで入院したことが原因だそうです。娘からその話を聞いたときは、本当にショックでした。

「高額療養費」により医療費は上限まで！

まず「高額療養費」について押さえておきましょう。同一月（1日から月末まで）にかかった医療費の自己負担額が高額になった場合、自己負担限度額を超えた分が、後で払い戻される制度です。

自己負担限度額は年齢や収入に応じて決まっており、Mさんのように70歳以上で一般的な収入なら5万7600円。例えば、100万円分の治療を受けても、保険がきく部分の自己負担は同じ額です（年収によって上限額は異なります）。

月ごとの計算となるので、開始と終了が2か月に渡るとそれぞれの月ごとに請求されるため、ケースによっては自己負担が2倍となってしまうことも。**緊急を要さない場合は入院時期を病院と相談**してみるといい

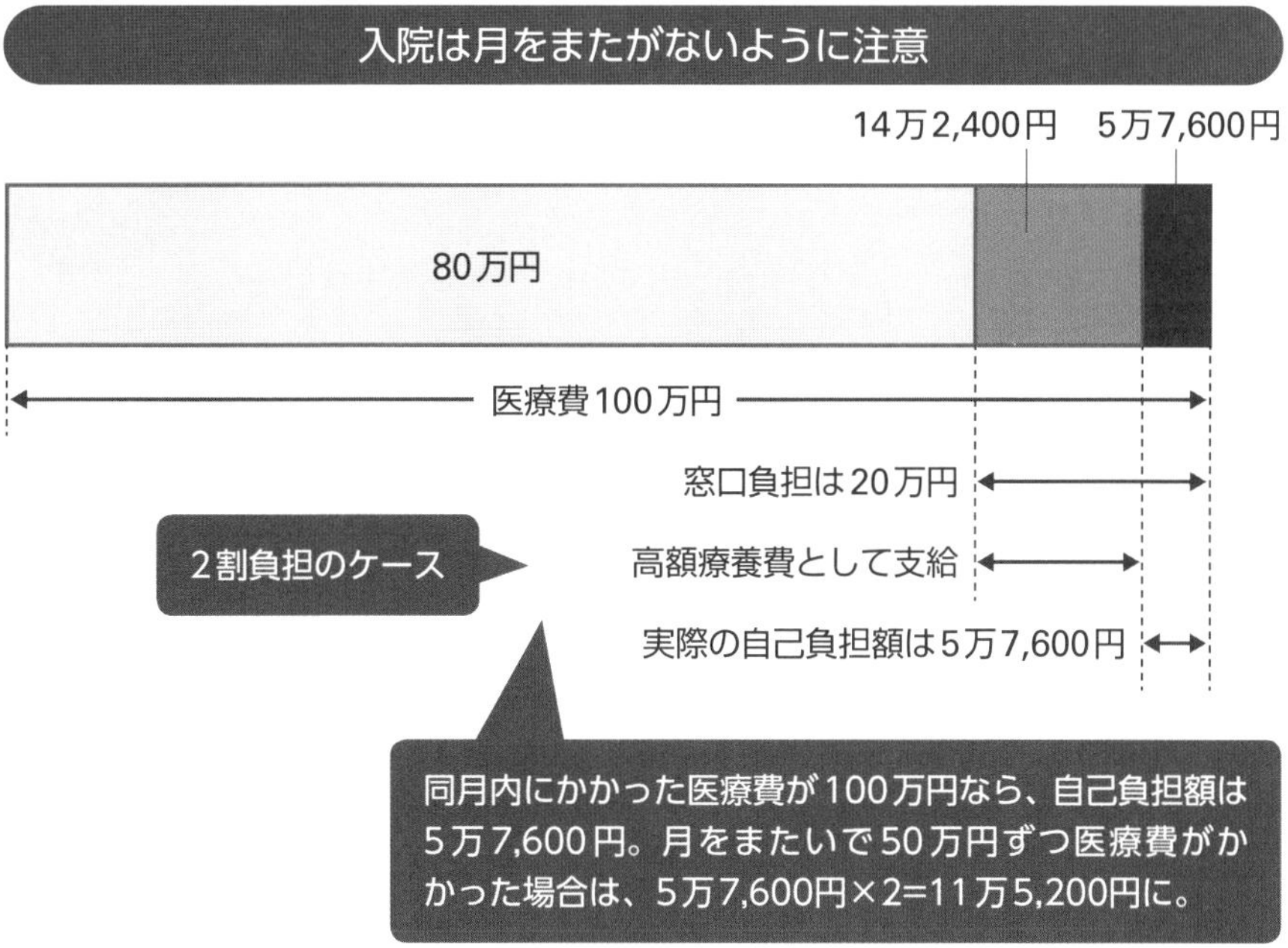

でしょう。入院前に高額な検査を受ける場合も、できれば同じ月にまとめたいものです。

入院時の食事代や差額ベッド代などは高額療養費の対象とはなりません。心積もりしていないと高く感じます。所得が少ない場合は、食費についても軽減されるので事前に確認しましょう。

夫婦の医療費を合算できる場合も

高額療養費は、**同じ世帯に同じ医療保険に加入している人が複数いると、入院・外来・診療科の区別なく合算**できます。70歳まではそれぞれ2万1000円以上の負担分のみ合算できますが、70歳以上はそうした制約はありません。

高額療養費を使うには1回目は申請が必要です。申請書が届いたら、必ず提出してください（次回以降は自動的に振り込まれます）。最初から高額な医療費が見込まれる場合には事前に「限度額適用認定証」を入手して見せれば、窓口での支払いを自己負担限度額まで抑えることができるのでおすすめです。

15 自己負担が高いから、家族で介護しようか…

事例▶Nさん（60代・女性）

最近、夫（70代）の介護が必要になりました。夫の収入は年金のみですが、受給額が多いため介護保険のサービスを利用する際の自己負担は2割です。介護保険は1割負担だと思い込んでいたので驚きました。

認定結果は「要介護3」で、月々約27万円分のサービスを保険適用で使えます。ただ、1割負担なら2万7000円ですが、2割負担だと5万4000円。厳しい出費になるので、長女にも手伝ってもらって、私が介護しようと思ったんです。

ところが、長女に相談すると、「仕事があるから無理」とあっさり断られてしまいました。

「高額介護サービス費」で一定額以上は戻る

介護保険でサービスを利用する場合、原則1割負担ですが、所得が多いと2割負担、3割負担となります。「高い！」と思うかもしれませんが、だからといって家族だけで介護を行おうと考えるのは無茶です。子どもの協力を得ようとしても、彼らには彼らの生活があります。可能な範囲の手伝いはしてくれても、介護要員にはなってくれないでしょう。

Nさんの長女は、断ってきただけよかったと思います。**「無理」と思っても引き受けて、離職してしまう子どももいる**ので注意が必要です。

それに自己負担割合が2割3割でも、必ずしも支払いが2倍3倍になるわけではありません。一定額を超えたときは、超えた分が払い戻される**「高額介護サー**

2章 お金

介護保険の自己負担割合の判定基準

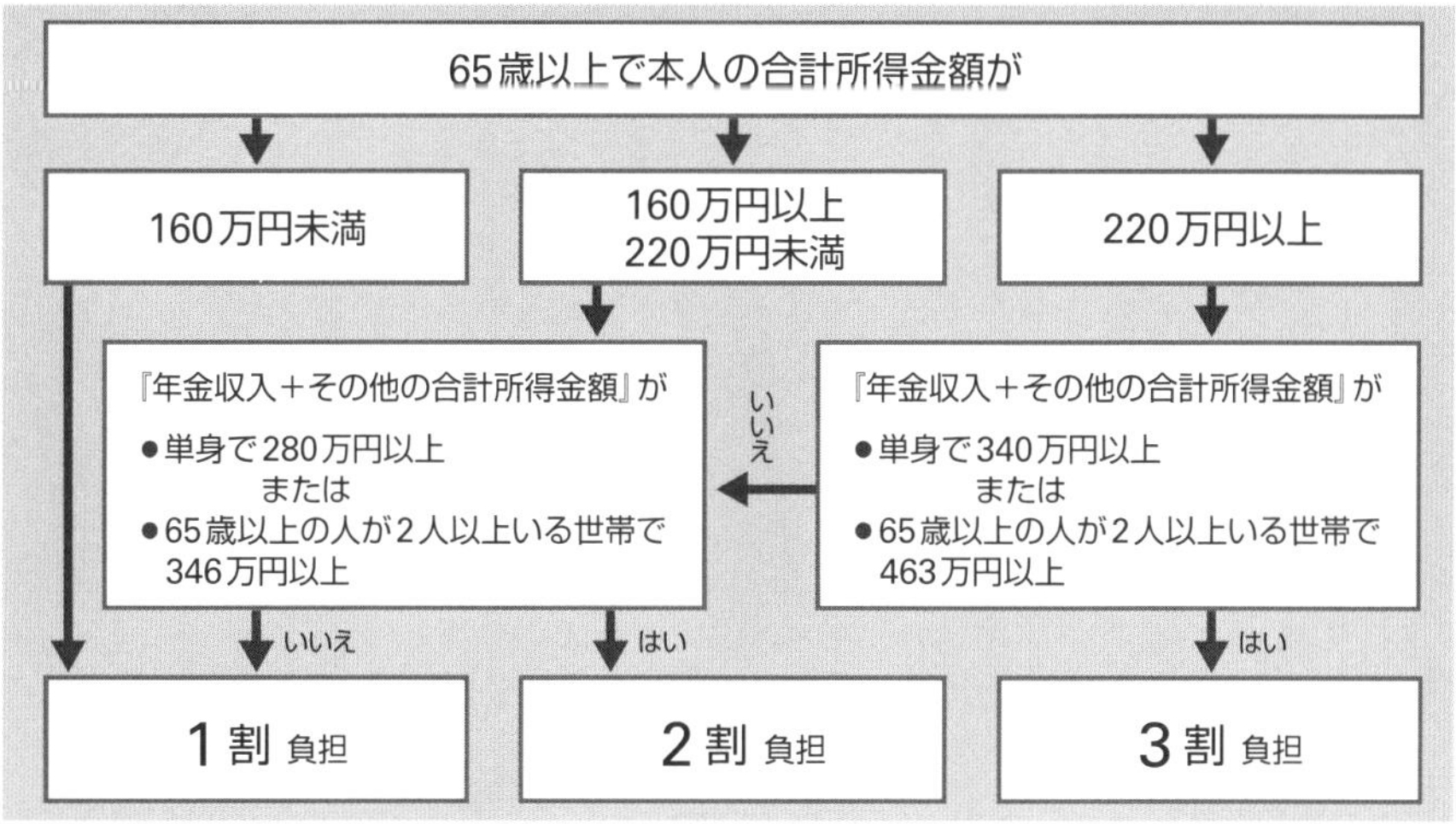

合計所得金額：収入から公的年金等控除や給与所得控除、必要経費を控除した後で、基礎控除や人的控除等の控除をする前の所得金額
世帯：住民基本台帳上の世帯
その他の合計所得金額：合計所得金額から年金の雑所得を除した所得金額

ビス費」という制度があります。２０２１年には制度の改正がありますが、年金のみの収入で年間７７０万円以内なら、世帯での上限額は月４万４４００円となる予定です。これを超えて支払った分は戻ってきます。

医療費と介護費を合算して一定以上は返金

1年間に支払った医療保険と介護保険の自己負担額が、定められた限度額を超えた際に払い戻される「**高額介護合算療養費制度」**もあります。計算期間は毎年8月から翌年7月までの12か月間です。**夫婦が同じ医療保険に加入している場合は二人分を合算**できます。

一般的な所得の場合、70歳以上なら医療費と介護費を合算した1年間の上限額は56万円です。

こうした負担軽減の制度については、自治体で印刷物を作っているはずです。分からないことは聞けば教えてくれるので、賢く利用しましょう。

子や孫への資金援助

16 孫の教育資金を援助してほしいと言われた

事例▶ Oさん（60代・女性）

離れて暮らす長男、長女がいます。長男夫婦は共働きで大手企業勤務、子どもは一人。長女は専業主婦で子どもは3人です。

あるとき、長女から「子どもに英会話を習わせたい」と相談がありました。月謝は8000円。長男の子が英会話を習っていることもあり、夫は「援助してやるよ」と即答したんです。結局、3人の孫の英会話教室の月謝を私たちが負担することになりました。

とはいえ、私たちは年金生活です。孫はかわいいけれど、私たちが「出す」のが当たり前になるのは困るんですよね。

「孫資金」に年間20万円以上!?

かわいい孫のためについ奮発、という声をよく聞きます。主婦の友社がシニア女性を対象に実施した調査によると、半数以上（53%）が年間10万円以上を孫のために使っており、そのうち32%は20万円以上を使っていました。出費の内訳は「誕生日、クリスマスなどプレゼント代」「七五三や入園・入学のお祝い」の他、外食時の支払いや、Oさんのように習い事や塾代などの教育費という人もいます。

そして、**約3人に1人（28%）が孫への出費を負担に感じることがある**と答えています。特に、習い事など継続性のあるものは、途中で「援助をやめたい」とは言いにくいので、勢いで始めることは避けたほうがいいでしょう。

孫に使う金額(年間)

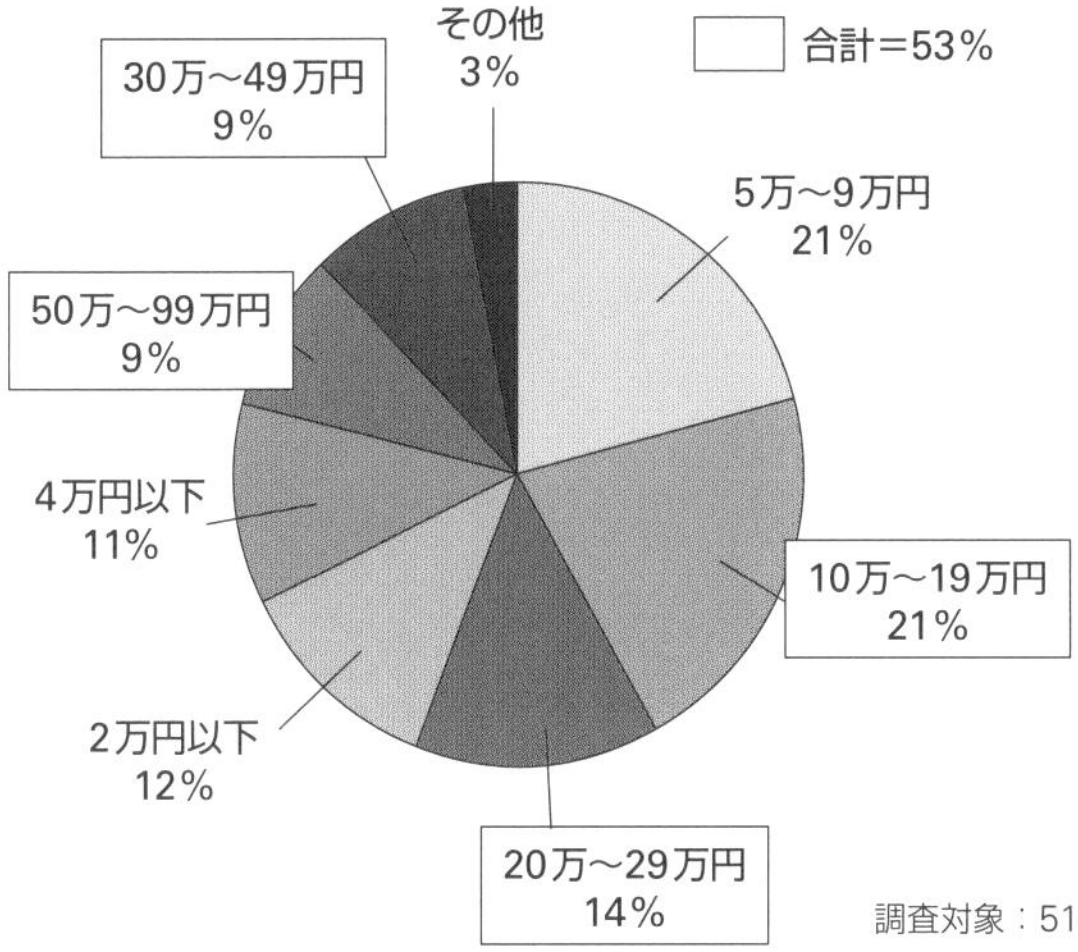

孫に使うお金を
負担に感じるか?

調査対象:51〜77歳の女性121名(平均年齢62.2歳)

出典:株式会社主婦の友社「孫育てに関する意識調査」2019年12月調査

親や祖父母の時代とは異なる

「自分が子育て中に祖父母や親からいろいろと支援してもらったから、同じようにしてあげたい」という声を聞くこともあります。

しかし、ここ40年ほどで日本の経済状況は大幅に変化しています。今では信じられませんが、1990年頃には銀行の定期預金に6%の利息がつくものもありました。12年預ければ預金は2倍。しかし、今や0・1%でもいいほうです。しかも人生100年時代となり、必要な老後資金は増える一方なのに年金は先細り……。**将来、支障をきたさないという計算のもとでなければ危険**です。

子どもは親の経済状態をよく分かっていません。どんどん援助すると、「ゆとりがある」と思われ、この先私立校の授業料を懇願されるなんてことにもなるかもしれません。

孫の養育費

17

子どもが離婚して、養育費の保証人を頼まれた

事例▶ Pさん（70代・女性）

長男が離婚することになりました。原因は、本人の浮気です。幼稚園に通う孫の親権は長男の妻が持ち、長男は慰謝料と養育費を支払わなければなりません。

先方（妻とその両親）は、養育費の支払いが滞ることを心配しているらしく、私たち夫婦に「養育費について取り決めた公正証書の連帯保証人になってほしい」と言ってきました。

孫はかわいいですが、大きな責任を背負うことになるため決めかねています。

母方、父方で立場は大きく異なる

夫婦の3組に1組が離婚する時代。幼い子どもがいる場合、親権は母親に行くことが一般的です。母方の祖父母という立場なら、孫育てを手伝う役割を担うことが多いでしょう。経済面の不安はあっても、孫との関係が濃くなるという点で「大変だけれど、ちょっと嬉しい」という声を聞くこともあります。

逆に、父方の祖父母の立場の人からは、「かわいい孫に会えなくなった」という悲しみの声を聞くことが……。離婚の際に面会交流する権利は、親には与えられますが、よほどの事情がない限り、裁判をしても祖父母には与えられないためです（話し合いにより親権者となった実親が了解してくれれば面会可）。

祖父母が孫の養育費を請求されるケース

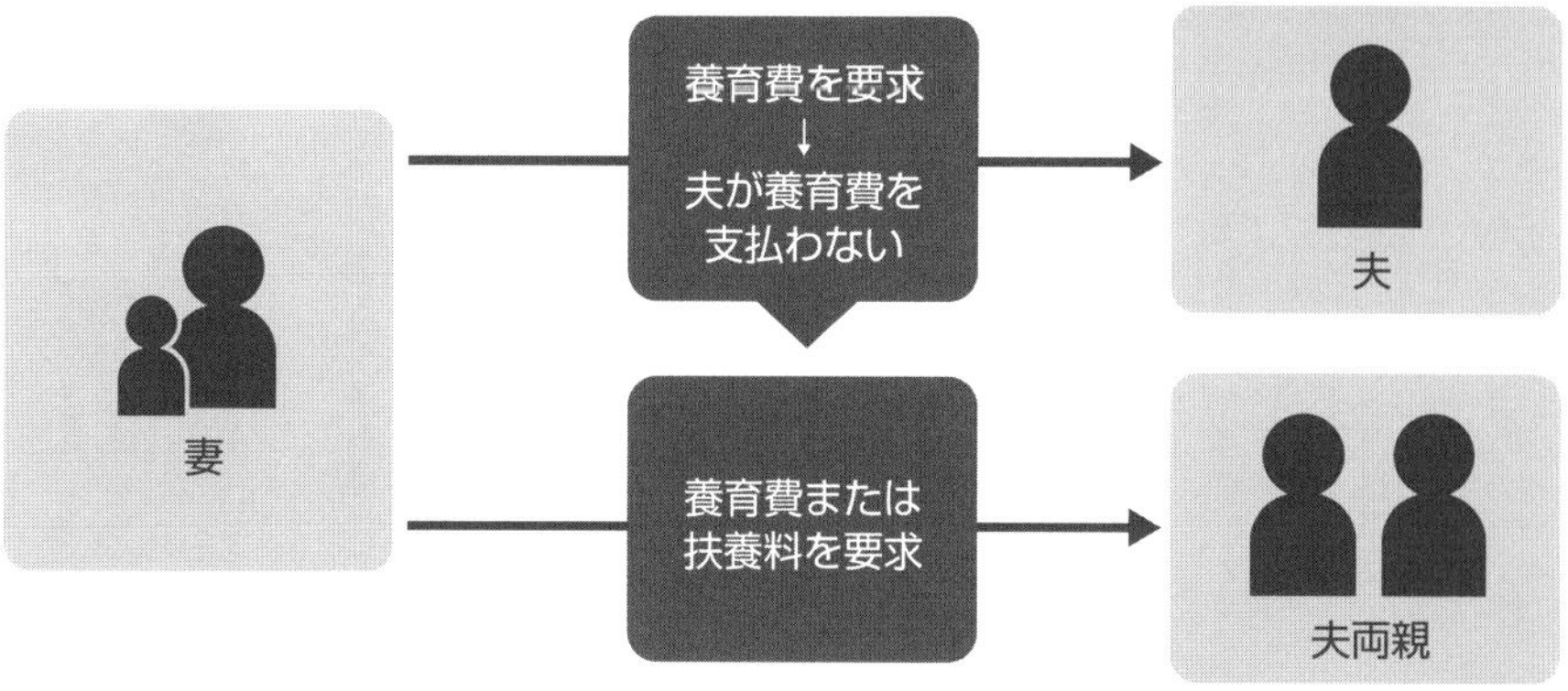

夫の両親が連帯保証人になっていて、夫が養育費を支払わない場合	**孫の養育費を支払う必要がある**
夫の両親に経済的な余裕がある場合	**孫の扶養料として支払う義務（生活扶養義務）がある**

子に代わって養育費を支払う可能性

通常、離婚した父親は養育費を払います。平均月額は4万3707円（「平成28年度全国ひとり親世帯等調査結果」厚生労働省）。離婚後に確実に養育費を払ってもらうために、**祖父母を連帯保証人につけるという方法**がとられることがあります。

例えば、Pさんの長男が離婚をして月々5万円の養育費を払うことになったとします。その取り決めの際にPさんが連帯保証人となると、長男が支払えない場合にPさんが支払うこととなります。

子どもとはいえ大人同士のことなので、よほど金銭的にゆとりがある場合以外、**一定の距離を保つ**ほうがよいのではないでしょうか。もし連帯保証人になる場合は、その意味（責任）を正確に理解した上で署名捺印してください。

詐欺被害

18 振り込め詐欺に遭ってしまった…

事例▶ Qさん（80代・男性）

ある日、自宅に息子を名乗る電話がかかってきました。「心臓の具合はどう?」という会話から始まったので、まったく疑いませんでした。実は心臓の病気で入院していて、その電話の2週間前に退院したばかりだったのです。

電話の相手は急に嗚咽し始め、「仕事でミスって70万円必要だ」と……。間もなく、同僚だという男が受け取りに来たので、70万円を手渡してしまいました。まさか自分が騙されるとは思いもしませんでした。

いまだに多い「振り込め詐欺」

警察庁の「令和元年における特殊詐欺認知・検挙状況等について」によると、令和元年の特殊詐欺被害総額は301億円と莫大な金額です。1日当たりの被害額は約8260万円。そして、**被害者全体のうち65歳以上の人が83・4％を占め**ています。ところが、左上の通り、年齢が上がるほど「自分は被害に遭わないと思う」と回答する人が多く、これは危険です。「誰しも被害に遭う」可能性があります。

手口としては、これほど報道されているにもかかわらず、いまだ「オレオレ詐欺」がトップ（全体の約4割）。さらに、隙を見てキャッシュカードをすり替えて盗み取る「キャッシュカード詐欺盗」が22％。この二つで全体の6割を占めます。

年代別特殊詐欺に対する意識

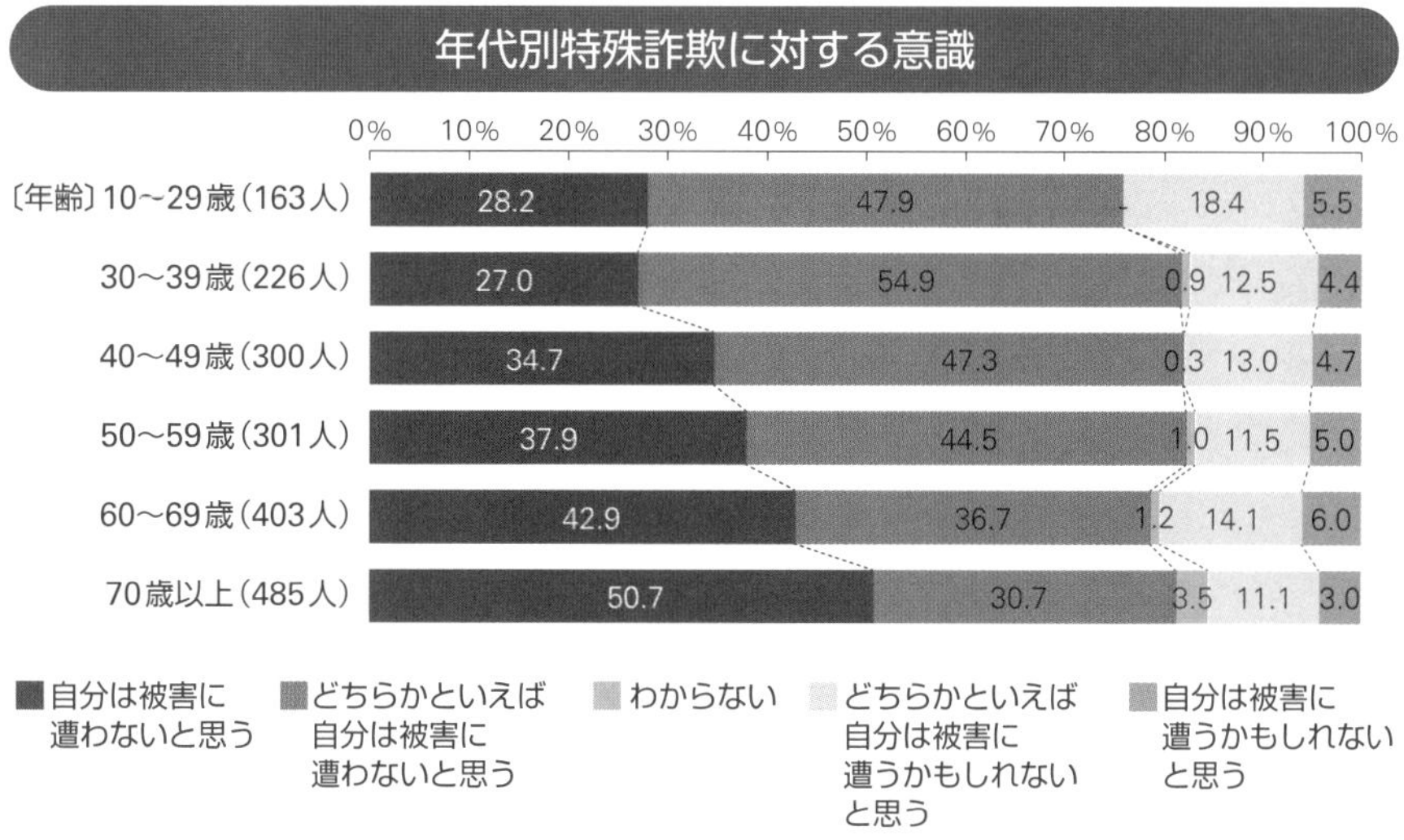

出典：内閣府「特殊詐欺に関する世論調査」2017年

年齢が高くなるほど「被害に遭わない」と考える人が多い。

家族間で合言葉、相談が必須

さまざまな手口が横行していますが、事前に家族構成や病歴、家族の死亡などの個人情報を入手しているケースもあります。

また、2020年には、ゆうちょ銀行の利用者の口座番号や暗証番号などを盗み出した者が、その情報を使って「ドコモ口座」など提携する決済サービスに口座を登録。不正に貯金を引き出すという事件が大きく報道されました。少しでも「あれっ」と思うことがあれば、一旦電話を切るとか、定期的に通帳を記帳するとか、自衛したいものです。

もし「騙されたかな」という場合は、**必ず誰かに相談**してください。地元の消費生活センターでも警察でも、子どもでもいいでしょう。

「電話」で騙されないために、**家族で合言葉**を決めておくことも効果があります。自治体によっては、詐欺被害を防ぐための**防犯機能付き電話機を貸与**しているので、役所や警察に問い合わせてみましょう。

キャッシュカード詐欺の手口

もしもし、△△警察署の◇◇です。実は詐欺グループの犯人を逮捕したのですが、あなたやご家族名義のキャッシュカードが不正に利用されているおそれがあることがわかりました。

「詐欺グループ」「不正に利用」等の言葉で不安をあおる。

被害者：えっ！本当ですか!?
キャッシュカードはありますけど…。

不正に利用されないために、「保護申請」が必要となります。保護申請するため、これから金融庁の職員を自宅に向かわせるのでキャッシュカードを用意しておいてください。

「保護申請する」「向かわせる」等と言い、被害者を安心させる。

被害者：分かりました。用意しておきます。

数分後…玄関にて

金融庁の□□です。キャッシュカードを保護しますので、この封筒の中にキャッシュカードと暗証番号を書いた紙を入れてください。封をするので、印鑑を押してください。

被害者：分かりました。印鑑を取ってきます。

被害者が印鑑を取りに室内に戻った際にあらかじめ用意していた価値のないポイントカード等を入れた封筒とすり替える。

印鑑を押してもらったので、キャッシュカードの保護ができました。○日までは絶対に封筒を開けないでください。

犯行の発覚を遅らせ、確実に現金を引き出すために、「○日まで封筒を開けないで」などと言う。

被害者：ありがとうございます。分かりました。（大変なことに巻き込まれてしまったけど、キャッシュカードが入った封筒も手渡してもらったし、これで安心。後は○日まで封筒を開けないでおくだけね）

出典：大阪府警察ホームページより作成

介護 3 章

「世話にならない」宣言

1 子どもに「世話にならない」と言っていたけど…

事例▶ Aさん（70代・男性）

離れて暮らす長男長女に「お前たちの世話にはならないから心配するな。介護が必要になったら施設に入る」と言い続けてきました。

しかし、半年ほど前、妻が認知症に。一人でふらっと出かけては自宅に戻れず、交番で保護されることがあります。

私も悩んでしまい、子どもたちに「どちらでもいいから、近居か同居してほしい」と頼んだのですが……二人とも冷たいものです。「『世話にはならない』って言ってたよね？　今さらそんなことを言われても……」と耳を貸してくれません。

冷たい子が増加？

今の時代、Aさんのような事例はそこここにあります。「突き放す」子に対しての意見も賛否両論あります。

「『世話にならない』と言っても、実際に介護が始まったら心細くなり、家族を頼りたくなるのは当たり前」という声がある一方……、「『世話にならない』と言っておきながら、いざとなって泣きつくのはおかしい」という声も。

特に子世代には、後者の意見が少なくありません。「冷たい子」が増加しているというのではなく、気持ちはあっても**社会構造的に自分たちの生活で精一杯**というケースが増えているのだと思います。ましてや転居を伴うような選択は、仕事の事情、それに配偶者がい

子どもとの同居や近居の意向(60歳以上)

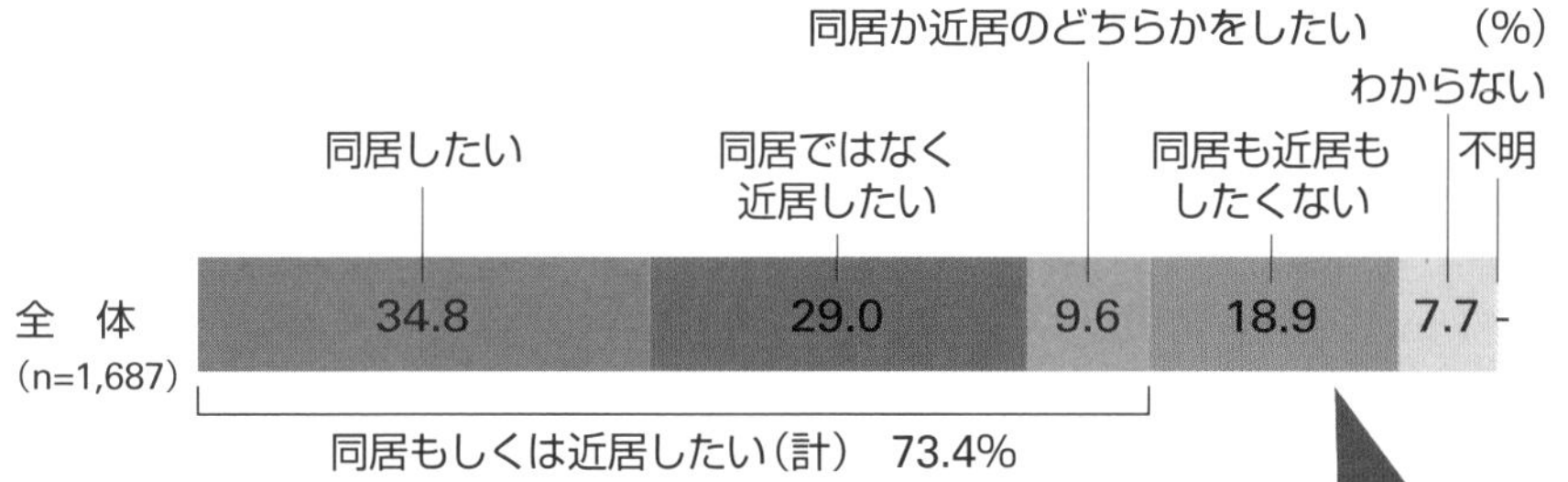

同居または近居をするメリット

①ちょっとした手助けが必要な場合に安心して過ごせる(81.3%)

②自立した生活ができなくなった場合に世話をしてもらえる(51.0%)

③子や孫の世話ができる(22.3%)

「子どもには頼りたくない、世話になりたくない」という意識が広がりつつあるが、この調査では同居・近居に否定的な人は2割弱。

出典：内閣府「平成30年度 高齢者の住宅と生活環境に関する調査結果」

る場合は、本人の考えだけで決められることではありません。

「世話になる」という前提で

1章でも説明した通り、世話になるつもりがあってもなくても、何かあれば子に連絡が行き、子は駆けつけることになります。このケースでも、Aさんが病気にでもなって入院すれば子がその保証人になり、妻が徘徊して保護されたら交番は子に連絡するでしょう。

年を重ねると（というか、年齢に関係なく生きている以上は）負担をかけ合う面があるということなのではないでしょうか。上の調査結果でも、実は「手助けをしてほしい」というシニア世代の「本音」が透けて見えます。

「世話にはならない」と断言するのではなく、「迷惑かけることもあるかもしれないが、できるだけ頑張る」と言っておくほうが、子も心積もりしてくれるのではないでしょうか。

2 心身の不調で、暮らしに影響が出てきたら？

事例▶ Bさん（70代・男性）

夫婦二人で暮らしています。妻は、夏に熱中症で具合が悪くなって以降、体調が戻らず、すっかり食も細くなり、体重が10kg近く落ちました。

ある日曜日、遠方で暮らす息子が血相を変えてやってきました。どうも、近所の親戚が「お母さんがずいぶん痩せているが大丈夫なのか？」と息子に連絡したらしく、「電話ではらちがあかないから」と来てくれたようです。

息子は妻を診療所に連れて行き、地域包括支援センターにも連絡して、介護保険の申請をしてくれました。

「地域包括支援センター」を調べておく

心身の具合が悪くなり、日々の暮らしに何らかの支障が生じたら、**早めに「地域包括支援センター」に相談**しましょう。自治体によっては通称で呼ばれているところもありますが、必ず地域にあります。保健師、看護師、社会福祉士、主任ケアマネジャーらの専門職が連携をとりながら、地域で暮らすシニア世代の健康・介護・福祉・医療などを総合的に支えます。**相談は無料**です。

「相当、介護に困ってから行くところ」と思っている人もいますが、そんなことはありません。**介護保険を使うほどでない場合でも、ホームヘルプサービスやデイサービス、その他サービスを利用できる**ケースがあり、相談に乗ってくれます。

地域包括支援センターに相談できること

「家のお風呂に入るのが大変になってきた」

「ずっと健康でいるために体操を始めたい」

「介護保険やその他サービスの利用方法を知りたい・申請をしたい」

「配偶者の物忘れが増えてきたが、どうすれば？」

「悪質な訪問販売に困っている」　……どんなことでもOK！


地域包括支援センターは、シニア世代のよろず相談窓口！

中学校区に1か所ほど設置されており、保健師、看護師、社会福祉士、主任ケアマネジャーらの専門職が連携してサポート。


一方、「これからも健康でいられるよう体操教室に参加したい！」などの相談にも対応してくれます。介護が必要になるのを予防することもとても大切なのです。

介護保険の相談、申請も

地域包括支援センターでは介護保険のサービスについても詳細を教えてくれます。その場で申請することもできます。

何らかの事情で地域包括支援センターまで出かけることが難しい場合は、電話をして状況を話せば向こうから来てくれるはずです（無料）。「代行申請」と言って代わりに申請してもらうことも可能です。**困ったことが起きたら、悩んでいないで、思い切ってコンタクト**してみましょう。所在地が分からない場合は、役所に住所を伝えれば担当の窓口を教えてくれます。

Column

もしかして“フレイル”？

「フレイル」という言葉を聞いたことがあるでしょうか。簡単にいうと、加齢により心身が衰えた状態のこと。もう少し丁寧に説明すると、筋力や認知機能、社会とのつながりが低下した虚弱状態で、健康な状態と日常生活でサポートが必要な中間地点です。

多くのシニアは、フレイルを経て要介護状態へ進むと考えられています。そのため、フレイル状態であることに早く気づいて治療や予防をすることは、自立した生活を長期に続けることにつながります。

実はコロナ禍においても、このフレイルは大きな課題になっています。感染の危険性はもちろん心配ですが、自粛生活による健康への悪影響も無視できません。「動かないこと」により、フレイルが進むためです。

「回答」の右側の欄を２つ以上選んだ人は「リスクあり」なので注意！

フレイルに関する後期高齢者の質問票

類型名	No	質問文	回答	
健康状態	1	あなたの現在の健康状態はいかがですか	よい まあよい ふつう	あまりよく ない よくない
心の 健康状態	2	毎日の生活に満足していますか	満足 やや満足	やや不満 不満
食習慣	3	1日3食きちんと食べていますか	はい	いいえ
口腔機能	4	半年前に比べて固いものが食べにくくなりましたか (さきいか、たくあんなど)	いいえ	はい
	5	お茶や汁物等でむせることがありますか	いいえ	はい
体重変化	6	6か月間で2～3kg以上の体重減少がありましたか	いいえ	はい
運動・転倒	7	以前に比べて歩く速度が遅くなってきたと思いますか	いいえ	はい
	8	この1年間に転んだことがありますか	いいえ	はい
	9	ウォーキング等の運動を週に1回以上していますか	はい	いいえ
認知機能	10	周りの人から「いつも同じことを聞く」などの物忘れがあると言われていますか	いいえ	はい
	11	今日が何月何日か分からないときがありますか	いいえ	はい
喫煙	12	あなたはたばこを吸いますか	吸っていない やめた	吸っている
社会参加	13	週に1回以上は外出していますか	はい	いいえ
	14	普段から家族や友人との付き合いがありますか	はい	いいえ
ソーシャル サポート	15	体調が悪いときに、身近に相談できる人がいますか	はい	いいえ

出典：厚生労働省「高齢者の特性を踏まえた保健事業ガイドライン第2版」より作成

3 認知症かも？　でも本人は受診を嫌がる…

事例▶Cさん（70代・女性）

夫の物忘れが増えてきました。インスタントラーメンが好きでよく作るのですが、度々、ガスを消し忘れるんです……。

認知症じゃないかと思って「病院に行こう」と提案するのですが、夫は「自分の身体のことは自分が一番よく分かっている！」と頑なに拒否します。

そんな折、夫が一人で留守番中に、とうとうボヤを出して近隣住民が避難する騒ぎになりました。駆けつけた子どもからは、「なぜ、ここまで放っておいたんだ。相談してほしかった」と私が責められました。

「認知症」は要介護になる原因のトップ

国の調査によると、**介護が必要になる主な原因のトップは「認知症」**です。誰にとっても他人事ではなく、認知症に移行する可能性のある軽度認知障害（MCI）の人を含めると、65歳以上の4人に1人が有病とのこと。

多くの場合、上のような症状が少しずつあらわれます。早期に発見し治療を開始すれば、進行を遅らせられるケースもあります。特にMCIの場合、5年後には38・5％が正常化したという報告もあります。受診時には、**「どのような症状がいつから出ているか」「どのような症状に困っているか」を整理してメモ書き**しておくとスムーズです。

認知症チェックリスト

- 整理整頓ができなくなった
- 一人で買い物や金銭管理ができない
- 自分で服薬管理ができない
- 電話の対応や訪問者の対応ができない
- 食事が一人でとれなくなった。食事の回数が減った
- 急激な体重の増減がみられる
- 同じ服をずっと着ていたり、逆に何度も着替えたりする。季節に合った服装ができない
- 昼間寝ていることが多い。または夜間不眠・不穏である
- 意欲の低下がみられる
- 同じことを何度も話したり聞いたりする
- 約束事を覚えていない
- 5分前に聞いた話や電話の内容、人の名前を思い出せない
- 冷蔵庫の中に同じものが多くある
- 入浴しないなど不潔である

出典：千葉県「認知症チェックリスト 一般高齢者用」

受診に抵抗感があるならかかりつけ医へ

ところが「精神科」や「もの忘れ外来」の受診は「できれば避けたい」と考える人が多いようです。「親を認知症の専門医に連れて行きたいが言いにくい……」というのは、子どもの悩みごとにもなっています。

しかし、初期対応がその後の病状の進行に大きく影響します。Cさんの夫のようにボヤを出すなど問題が大きくなると、本人も周囲も大変です。

また、認知症を疑って受診したところ、うつだったり、薬の飲み合わせが原因だったというケースもあります。思い切って受診することで、安心を得られる可能性があります。まず、**かかりつけの内科などに行って相談**すれば、必要に応じて専門医を紹介してくれるはずです。地域包括支援センターや、地域の保健所に相談するのも手です。

公益社団法人 認知症の人と家族の会（家族の会）の電話相談や、「全国物忘れ外来一覧」（http://www.alzheimer.or.jp/）も把握しておくと役立ちます。

4 認定調査で頑張りすぎて要介護度が低く…

事例▶ Dさん（70代・女性）

夫は心身の調子が悪く、一日のほとんどをベッドで過ごしています。地域包括支援センターに相談したら、介護保険の申請をすすめられました。

「認定調査」の日には、遠方から長女も来てくれました。夫はというと、洋服に着替えて、髭もそって、いつになくシャキッと身支度。調査員さんの質問にも「一人で問題なくできます」ときっぱり答えます。

普段の様子とあまりに違うので、長女が「お父さん、それは一人ではできないでしょ」と口をはさむと、夫が怒りだして親子喧嘩になってしまいました。

申請から結果が出るまで1か月

65歳になると「介護保険被保険者証（保険証）」が届きます。しかし、医療の保険証と違って、持っているだけではサービスを利用することはできません。「要介護認定」で「介護が必要な状態」と認定される必要があります。

認定を受けるためには、まず、役所や地域包括支援センターに申請します。

申請を行うと、市区町村の職員などが自宅まで来てくれます（入院中に申請すると病室を訪問）。そして、**「認定調査」と呼ばれる聞き取り調査**が行われます。**かかりつけの医師が書く「意見書」**とあわせて、市区町村が要介護度を決定。要支援1・2と要介護1〜5の7段階および「非該当」に分かれ、それぞれの**要介護**

介護保険の申請から利用までの流れ

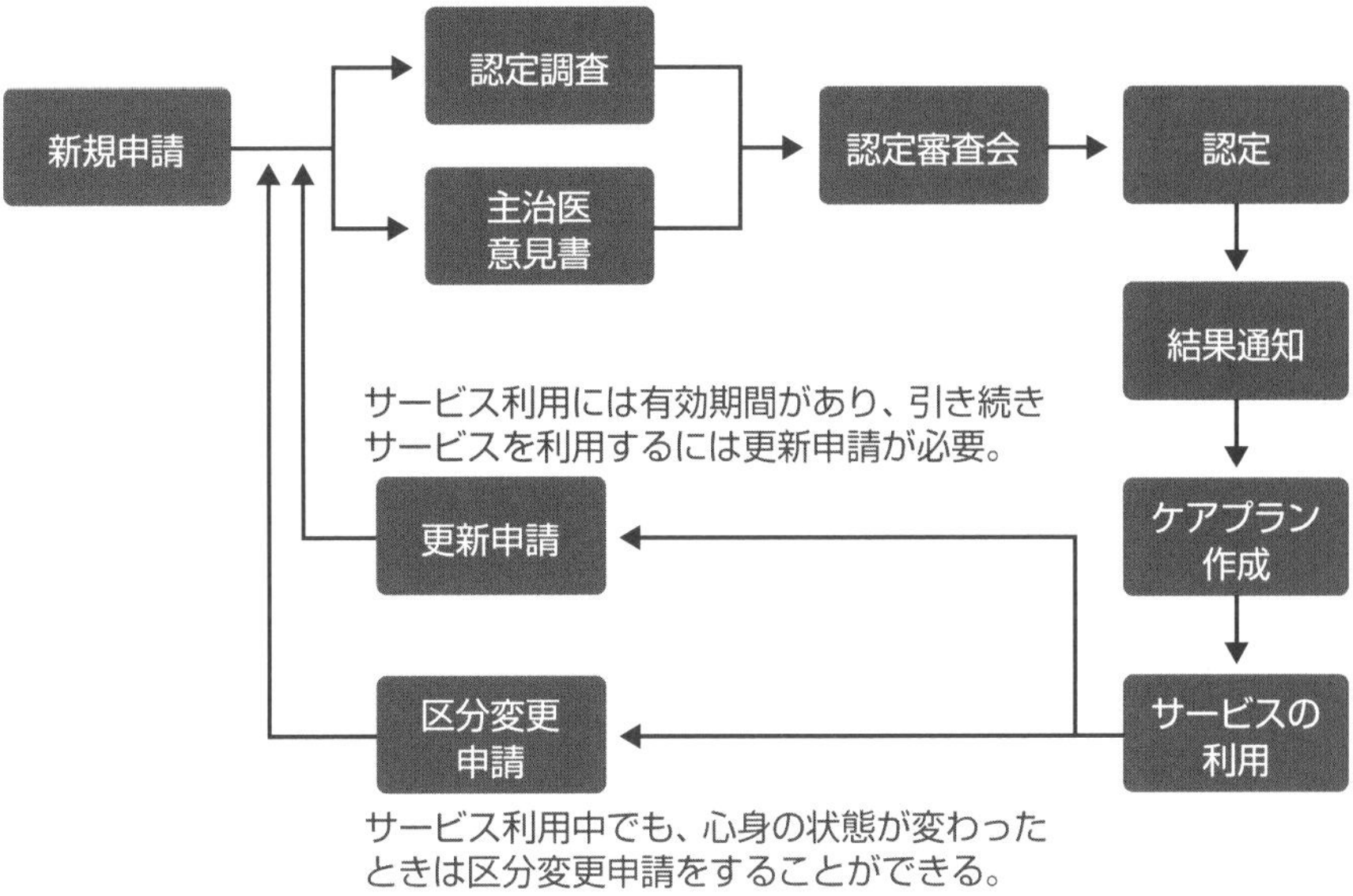
認定調査
新規申請
主治医意見書
認定審査会
認定
結果通知
サービス利用には有効期間があり、引き続きサービスを利用するには更新申請が必要。
ケアプラン作成
更新申請
区分変更申請
サービスの利用
サービス利用中でも、心身の状態が変わったときは区分変更申請をすることができる。

度に応じてサービスを利用できます。申請から認定結果の通知までは、原則30日以内に行われます。

「認定調査」では普段通りに臨むことが大切

認定調査のときに、Dさんの夫のように頑張って元気な姿を示そうとする人がいます。認知症の場合でも、**初めて会う調査員の前では病気とは思えないくらいしっかり対応できる人**もいます。

気持ちは分からないわけでもありませんが、そんなことをすれば、実際よりも要介護度が低く出てしまうケースがあります。次ページの通り、要介護度ごとに利用できる限度額が決まっています。保険で使える上限です。要介護度が高いほど上限も高いため、実際よりも**要介護度が低く出ると、本来使えるはずのサービスを利用できない**、ということも起こりえます（限度額のうち、利用者の負担割合は1～3割です／P75）。

本人のプライドにも配慮

とはいえ、認定調査を遮り、夫婦喧嘩や親子喧嘩を

認定調査で質問されること（一部）

- ☑ 横たわったまま左右どちらかに身体の向きを変えることができますか？
- ☑ 両足で10 秒間程度立っていることができますか？
- ☑ いすやベッドに座った状態から、自分で立ち上がることができますか？
- ☑ 普段、浴室で身体をどのように洗っていますか？
- ☑ 食事のときに、見守りや介助が行われていますか？
- ☑ 歯磨きや義歯の手入れは、どのようにされていますか？
- ☑ 生年月日か年齢か、いずれか一方を答えることができますか？
- ☑ 外出して戻れなくなることはありますか？
- ☑ 薬の内服には、見守りや支援が行われていますか？
- ☑ 所持金の支出入の把握、管理、金額の計算などは自分でされていますか？

しても調査員にとっては迷惑なだけ。本人には、事前に「頑張らなくて、普段通りでいい」ことを説明しておきましょう。

それでも、できないことを「できます」と答えたら、じっと我慢。本人が「できる」と言っているのに否定すると、プライドを傷つけることにもなります。調査終了後に、本人には聞こえないところで「あのように言っていたけれど、実は……」と本当のことを伝えればいいでしょう。**家族の話も、「特記事項」として調査票に書いてくれます**。子どもが立ち会ってくれる場合には、子どもとも事前の打ち合わせを。

インターネットで、「介護保険／認定調査」と検索すると、どのような質問をされるか分かります。質問項目から、**特に本人ができずに困っていることはメモ書きしておき調査時に手渡す**とスムーズです。

もし、予想していたよりも認定結果が低く出た場合は、不服を申し立てることもできます。ただ、再審査には時間がかかるため、**「区分変更」**の申請をして調査をやり直してもらう方法をとるケースが一般的です。

要介護度区分別　身体の状態（目安）と支給限度額

			支給限度額（月）
軽度	要支援 1	日常生活の能力は基本的にあるが、要介護状態とならないように一部支援が必要	50,320円
軽度	要支援 2	立ち上がりや歩行が不安定。排せつ、入浴などで一部介助が必要だが、身体の状態の維持または改善の可能性がある	105,310円
軽度	要介護 1	立ち上がりや歩行が不安定。排せつ、入浴などで一部介助が必要	167,650円
中度	要介護 2	起き上がりが自力では困難。排せつ、入浴などで一部または全介助が必要	197,050円
中度	要介護 3	起き上がり、寝返りが自力ではできない。排せつ、入浴、衣服の着脱などで全介助が必要	270,480円
重度	要介護 4	日常生活能力の低下が見られ、排せつ、入浴、衣服の着脱など多くの行為で全介助が必要	309,380円
最重度	要介護 5	介護なしには日常生活を営むことがほぼ不可能な状態。意思伝達も困難	362,170円

認定結果に不満があったら？

「介護保険審査会」に「審査請求（不服申し立て）」をする → △ 再審査に数か月かかる場合がある

「区分変更」を申請する → ○ 認定後に状態が変わった場合に、次の更新を待たずに認定調査する方法。通常1か月で結果が出るので、こちらを使うことが多い

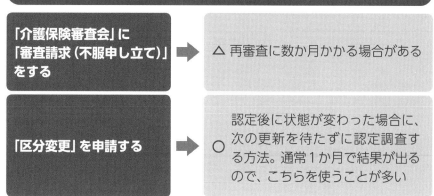

5 介護サービスなんて自分とは無縁だ

事例▶Eさん（70代・男性）

妻が脳梗塞で倒れました。右半身に麻痺が残ったものの、幸い、ゆっくりなら身の回りのことはできます。離れて暮らす娘も心配して、週末に来てくれています。

ただ、デイサービスに通ったり、ヘルパーさんに来てもらおうと提案しても、妻は気が進まないようです。「デイサービスは年寄りばっかり」「家に人が来ると疲れる」と言って首を縦に振りません。

私としても、妻が週に1、2回でもデイサービスに通ってくれたら、その間にのんびりできるのにと思うのですが……。

利用を拒むと家族の負担が大きくなる

デイサービスやホームヘルプサービスの利用を拒む人はとても多いです。Eさんの妻のように、「デイサービスは年寄りばかり」という声はよく聞きます。Eさんの妻が60代か70代前半だとすると、確かにデイサービスの利用者の中では若手かもしれません。ケアマネジャーに相談すれば、馴染めそうなところを探してくれると思います。

サービスの利用を拒むと、結果として家族に負担がかかることになります。**「共倒れしない」ためには、サービス利用は必須**です。「みんなでお遊戯や歌なんてまっぴら」という人もいますが、いろいろなタイプのデイサービスがあり、例えばスポーツクラブのようなところもあります。

平均寿命と健康寿命には差がある

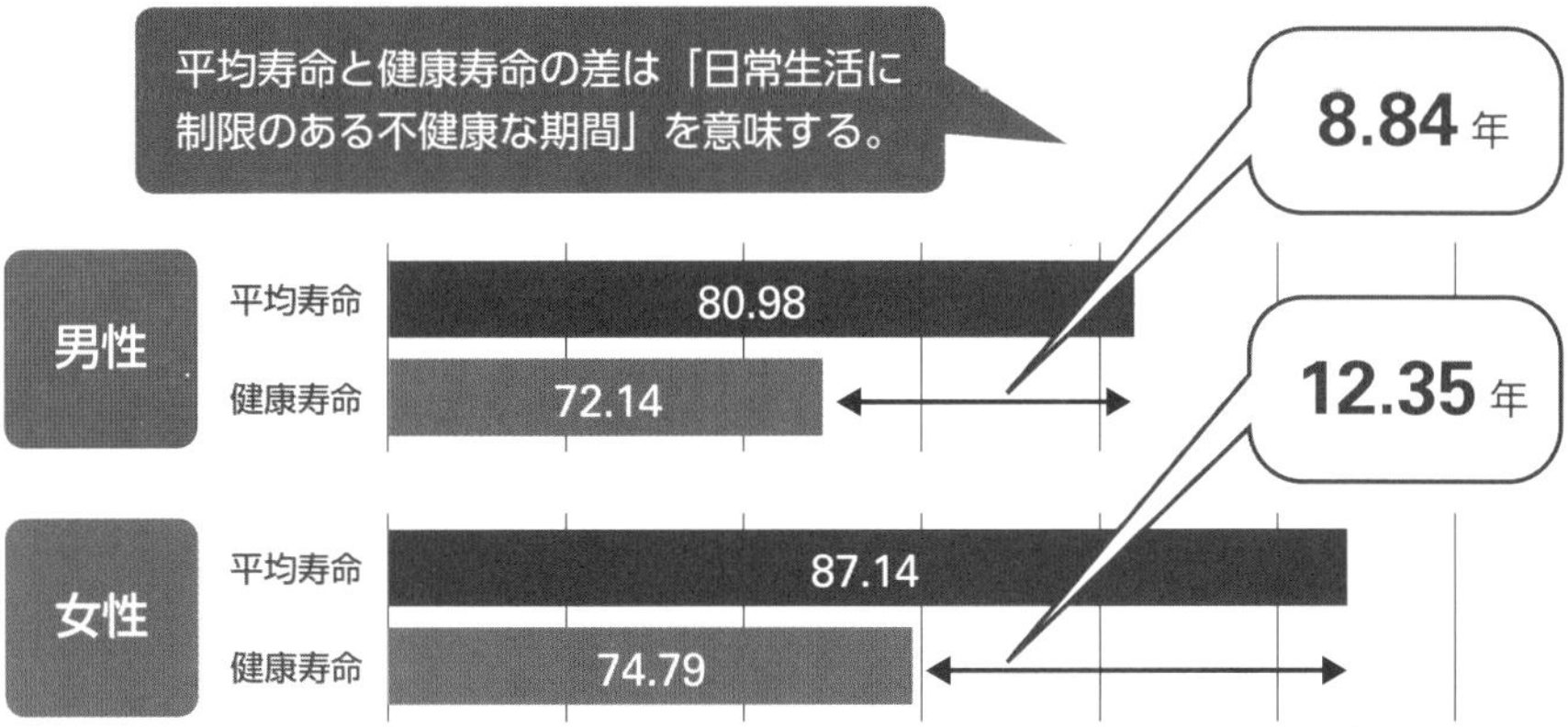

出典：厚生労働省「第11回健康日本21（第二次）推進専門委員会資料（平成28年の調査結果）」

元気なうちから、「何かあったらサービスを使おう」と自分自身、そして夫婦間で決めておこう！

行ってみると、生活にリズムができ「意外といいところ」と通うのが楽しみになる人もいます。「広いお風呂が気持ちいい」という声もよく聞きます。

不健康時期は必ずやって来る

「ホームヘルパーが来ると気疲れする」という声も多いですが、家族以外の人に来てもらうと、閉塞感漂う家の中に風が流れます。介護のプロの視点で、異変がないかの確認もしてもらえます。「汚れている部屋を見られたくない」という人もいますが、そんなこと、誰も気にしません。

今は元気満々という人も、いずれは不健康な時期が訪れる可能性はあります。**健康寿命と平均寿命の差は8〜12年前後**。元気なうちから、「何かあったらサービスを使おう」と自分自身、そして夫婦間で決めておきましょう。いざというときに迷いが生まれず、スムーズに〝サービス〟を採り入れることができます。

6 困った！ ケアマネジャーが頼りにならない…

事例▶ Fさん（70代・女性）

夫は「要介護1」です。近所の事業所のケアマネジャーさんにケアプランを立ててもらっていますが、頼りにならなくて……。夫が通っているデイサービスは女性が多くて、馴染めないらしいんです。別のデイサービスに変えてほしいと頼んでいますが、何やかや言って、まったく動いてくれる気配なし。

今通っているデイサービスは、ケアマネさんが勤務している事業所が運営しているから変えたくないようです。

夫の機嫌が悪くて。このままでは、「デイサービスに行くのをやめる」と言い出しそうです。

しっかり話を聞いてくれる人を選ぶ

ケアマネジャーとは、「介護支援専門員」とも呼ばれる介護の専門家です。福祉や医療の国家資格などを持ち、5年以上の経験を積んでいるプロで、居宅介護支援事業所に所属しています。要介護認定で、要介護1～5となった場合は、自分たちでケアマネジャーを探して、ケアプランを作成してもらうことが一般的です。

この事業所は、デイサービスや訪問介護事業所に併設している「併設型」と、併設サービスのない「独立型」があります。

「併設型」のケアマネジャーの中には、自分の事業所のサービスばかりをすすめてくる人がいて、利用者から不満の声が聞こえてくることがあります。もちろん、**他の事業所のサービスを利用してもいい**のです。

ケアマネジャーを変えたいときは

現在の事業所に相談	「別のケアマネジャーに変えてほしい」と話す（同じ事業所でケアマネジャーを変更）
別の居宅介護支援事業所へ相談	「現在、ケアマネジャーを利用しているが、事業所を変更したい」と話す（事業所ごと変更）
地域包括支援センターに相談	現状の課題を話し、より良い方法を一緒に考える

相性が合わないのは仕方のないこと。ケアマネジャーを変更しても、これまで通りサービスは利用できる。

ケアマネジャーを探すときには、しっかり耳を傾けてくれそうな人かどうか、よく観察したいものです。もちろん、医療や介護の知識が豊富かどうかも。前職を聞いてみてもいいでしょう。

ケアマネジャーは変更できる

ケアマネジャーとは、二人三脚で要介護者を支えなければなりません。人間同士なので相性もあります。次第に不満が募るような場合は、**ケアマネジャーの変更を検討**したほうがいいでしょう。

ケアマネジャー個人の資質の問題なら、事業所に連絡して「別のケアマネジャーにしてほしい」とお願いしましょう。事業所ごと変えたい場合は、その事業所を選んだときと同じように、一覧表や口コミを使って探します。地域包括支援センターは中立な立場なので、紹介はしてくれませんが相談には乗ってくれます。

変更を言い出しにくい場合は、「子どもがうるさく言うもので、ごめんなさいね」などと誰か「悪者」を作るのも一案です。

7 ヘルパーさんに「ついで」を頼んだら断られた…

事例▶Fさん（80代・男性）

妻が施設に入ったので、一人暮らしをしています。私も糖尿病があるので、週に2回、食事管理などを目的にホームヘルパーに来てもらっています。

先日、遠方の息子が帰省するので、ヘルパーに「いつもの仕事はしなくていいから、息子が使う布団を干してほしい」と頼みました。それから、食事も二人分を用意してほしいと。

でも、断られました。私が不機嫌になったので、ヘルパーはこのことをケアマネジャーに連絡したようです。ケアマネジャーは息子に電話したようで、私は息子からこっぴどく叱られました。

ヘルパーはお手伝いさんではない

介護保険のホームヘルプサービスには**入浴やトイレの介助を行う「身体介護」**と、**掃除や洗濯、食事の準備などを行う「生活援助」**があります。いずれにしても、時間内で行ってもらうことは「ケアプラン」（介護サービス計画書）として事前に細かく決めます。

原則、決められていること以外はお願いできません。希望があれば、直接ヘルパーに言うのではなく、ケアマネジャーに伝える必要があります。

ただし、希望しても、本人の生活に直接必要性がない援助は対象外です。帰省する子どもの布団干しや食事の用意はNG。〝子どものために〟だけがダメなのではなく、例えば夫婦が自宅で暮らしている場合、夫のケアプランで決められていれば夫のシーツは洗っても

介護保険でホームヘルパーに頼めること・頼めないことの例

頼めること

- 食事の準備や後片づけ
- 利用者の生活スペースの掃除
- 布団干し、シーツ交換
- 銀行や買い物の付き添い
- 入浴介助
- トイレ介助、おむつ交換
- 食事介助
- 着替えや身支度の援助
- たんの吸引
  (指定された研修終了者のみ)
- 服薬の見守り　など

いずれも利用者本人の分のみが対象。

頼めないこと

- 家族や来客のための家事
- 庭掃除、ペットの世話
- 趣味のための外出付き添い
- 口を開けさせて服薬を手伝う
- 病院まで自家用車を運転して連れて行く
- 入院中の付き添い　など

保険でできないことは、全額自費の民間サービスやボランティアなどに頼めないか検討。

らえますが、「妻のシーツも」というわけにはいきません。

労力的には「ついで」でも、妻のシーツを洗ってほしければ、妻も要介護認定を受けてケアプランを立ててもらう必要があるのです。

民間サービスやボランティアヘルパーも

介護保険のサービスでは、本人のための援助でも依頼できないことがあります。話し相手やペットの世話、庭掃除などは対象外です。

保険でできないことを依頼したいなら、全額自費のサービスを利用することになります。介護保険で来てくれているヘルパーの会社に「自費で」と頼めるケースもあります。あるいは、インターネットで「自費／ヘルパー」と検索すると、たくさんの事業者が出てきます。

一方、地域の社会福祉協議会や生協などの中には、**ボランティアヘルパー**を組織しているところも。話し相手など、きめ細やかに対応します。

8 「仲の良い子」と「折り合いの悪い子」がいる

事例▶ Gさん（70代・女性）

夫は、持病が原因で介護が必要になりました。

車で1時間ほどのところに娘と息子が暮らしていて、私は息子とは馬が合うのですが、娘とはすぐ言い合いになって……。ただ、介護のことでは女手のほうが助かるので、娘に手伝ってもらっています。

あるとき、娘から言われたことにカチンときて、つい息子に電話で愚痴ってしまいました。そうしたら、息子が娘に「もう少し優しくしてやれ」と電話したらしく……。

怒った娘は「私にばかり頼むくせに、兄貴に愚痴るなんて、最低」と言って、それ以降、来てくれません。

「娘＝介護要員」ではない

こちらにそのつもりはなくても、**「きょうだい差別をされている」と感じている子**は少なくありません。「子どもの頃から兄貴は夕食で一皿多かった」「妹のことばかりかわいがり、私は無視されていた」など子の立場の人から頻繁に聞きます。

すでに大人なので普段は持ち出しませんが、介護が始まると親子の接点が増えるせいでしょうか。親子間の記憶が蘇るのか、子どもの頃の話をよく聞きます。「『長男、長男』と兄（弟）のことばかり大事にしていたのに、いよいよ介護が必要になると『娘を生んでおいてよかった』と言われた」と怒る女性は少なくありません。**意識して、子とは公平に接する**ことが大切です。確かに、女性が介護を行うケースが多いのですが、

要介護者から見た主な介護者の続柄

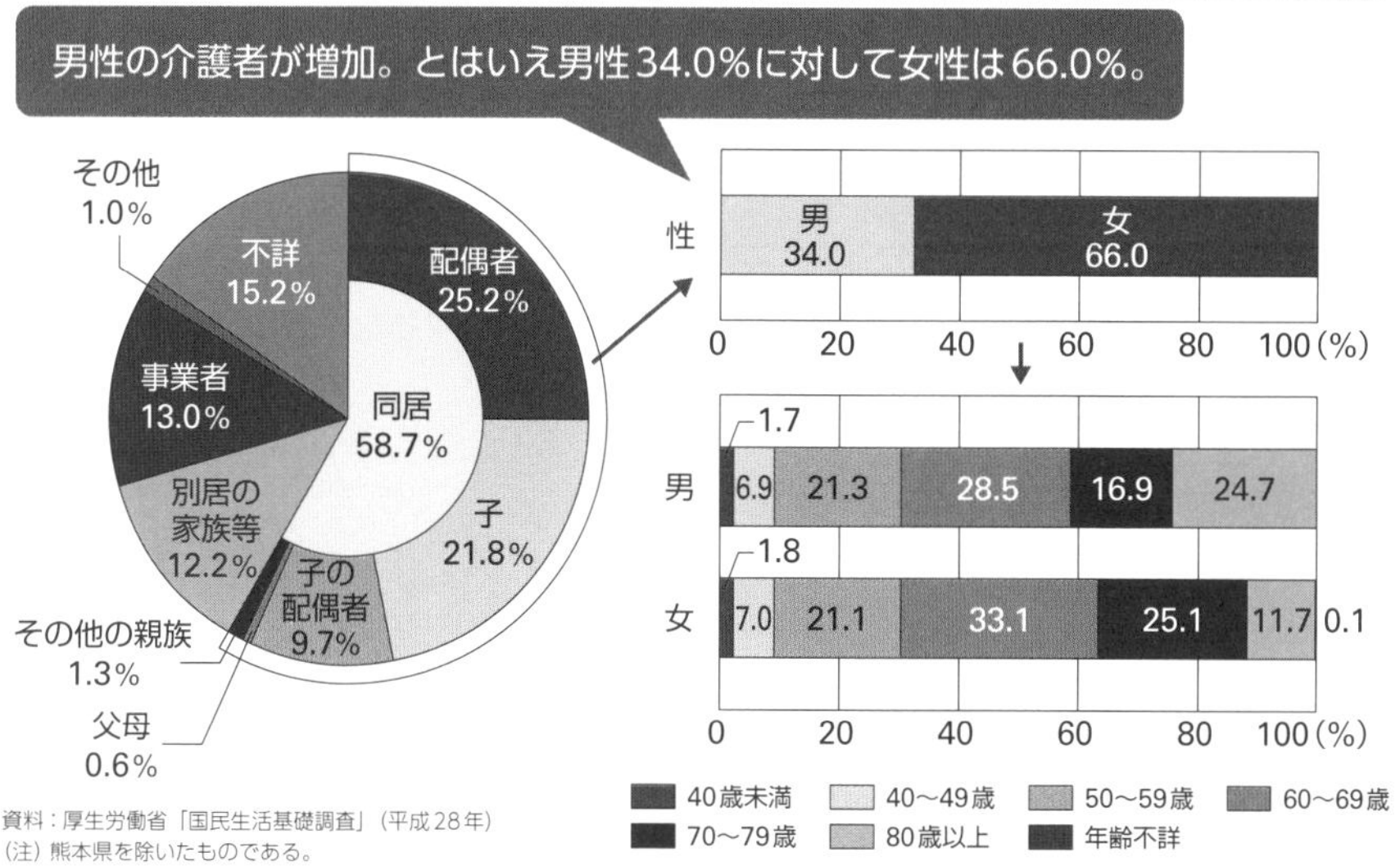

資料：厚生労働省「国民生活基礎調査」(平成28年)
(注) 熊本県を除いたものである。

出典：内閣府「令和2年版高齢社会白書」

娘を介護要員のように表現すると、大反発を食らう可能性大です。

子の悪口を別の子に話すのもご法度

子どもに対し、腹が立つこともあるでしょう。けれども、その悪口を別の子に話すのもご法度です。きょうだいから聞かされると、直接言われるよりも腹立たしさが増幅することがあります。

また、きょうだいの悪口を親から聞かされた子も、「陰では自分も何か言われているのでは?」と疑心暗鬼に。不用意なひと言により、親子間だけでなく、子と子の関係にもヒビが入ることがあるので注意が必要です。

ただし、**子の誰かから、見過ごせない嫌なこと(暴力を振るわれる、お金を奪われるなど/P123)をされた際は善後策を考える**必要があります。複数の子がいる場合は、必ず、別の子に「相談」しましょう。

9 子が介護のために「仕事を辞める」と言っている

事例▶ Hさん（70代・女性）

私はパーキンソン病で介護が必要です。長女（40代独身）が、2週間おきに週末に来て、家事や介護をしてくれています。そんな折、夫が認知症を発症したんです。

長女は仕事を辞め、住んでいたマンションも引き払って戻ってきてくれました。家から通える近場で職探しを始めたのですが、正社員の職は見つからず、パート勤務を始めました。以前は年収500万円だったそうですが、今は100万円に……。

先日、長女が電話で友人に「早まったことをした」と泣きながら話しているのを見てしまって、私まで泣けてきてしまいました。

経済的リスクを負わせない

子どもが身の回りのことをサポートしてくれるのは嬉しいですが、それにより**子の暮らしにリスクを負わせることがないように**したいものです。

Hさんの長女は転職で正社員からパートとなり、収入が激減しました。たとえ正社員になれたとしても、**介護離職の場合、年収は男性で4割減、女性で半減**という報告もあります。

経済的基盤が崩れると、人は心のゆとりをなくします。涙を流す子を見るのもつらいですが、中には親への虐待に走る子の話を聞くこともあります。将来への不安の裏返しでしょう。離職の申し出はきっぱりと断ることをおすすめします。

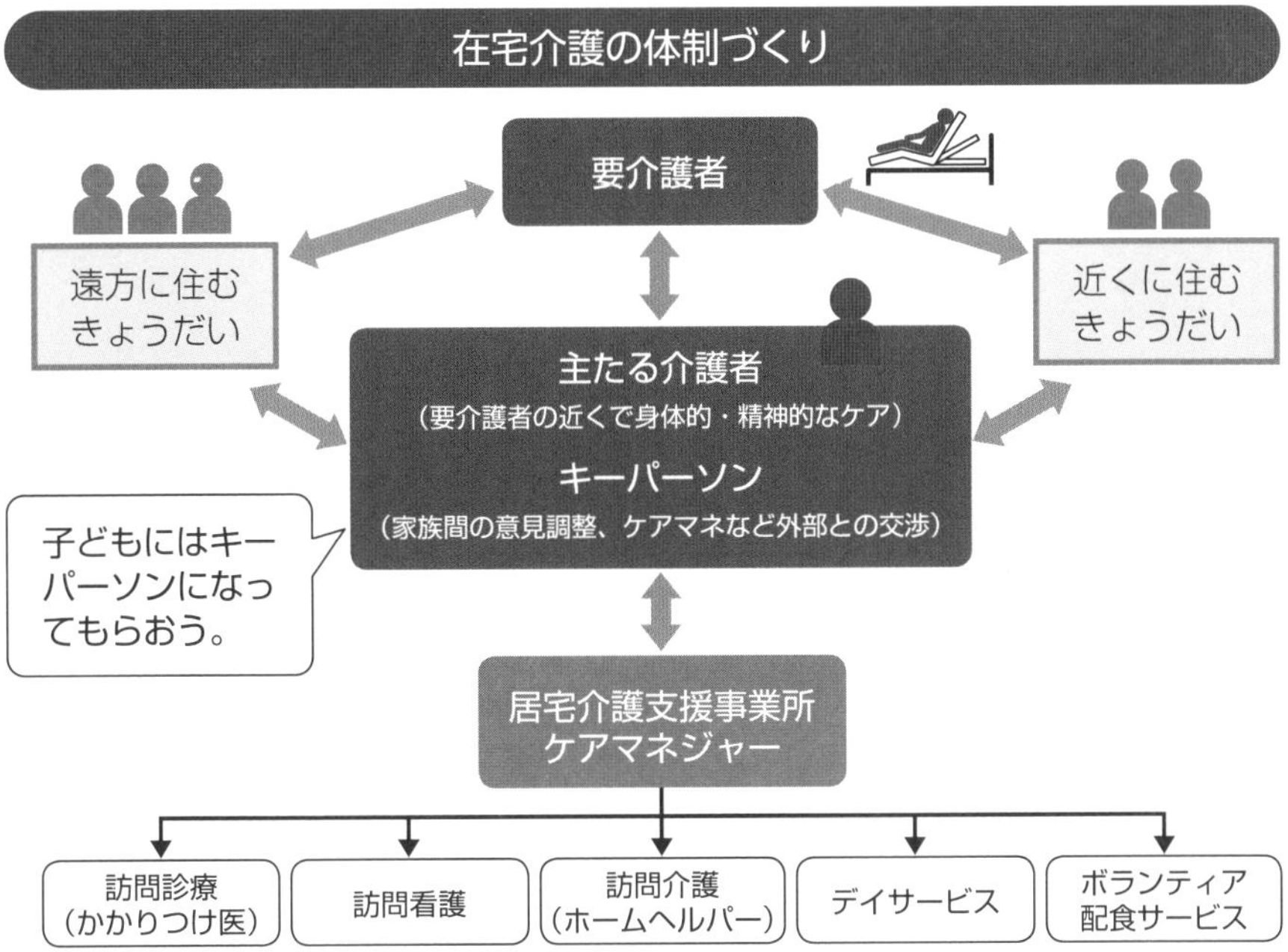

「キーパーソン」になってもらう

子どもが手伝ってくれるようなら、**直接的なサポートではなく、介護の「キーパーソン」になってもらう**ことを頼みましょう。

「キーパーソン」の主たる役割はケアマネジャーや医師らとの窓口です。緊急時の対応や、自分が意思を発せないときには、代わりに「こうしてほしい」と言ってもらうこともあります。つまり、**日常的な支援や介護はプロに任せ、家族にしかできない部分を担ってもらう**のです。これなら、離れて暮らしていても、正社員で働いていても頼むことができます。

キーパーソンには、サービス利用でかかる費用のことも考えてもらう必要があります。P47でも紹介したように、お金のことはオープンに。自分たちで管理できなくなれば、代わりに行ってもらうことにもなるでしょう。もし、在宅の限界が来た場合は、施設探しや入居契約を手伝ってもらうことになります。

シモの世話

10 トイレ介助、入浴介助が必要になったら誰に頼む？

事例▶ Iさん（70代・女性）

夫婦二人暮らしです。先日、夫が階段から落ちて両手にけがをして、包帯でぐるぐる巻きになりました。自分でパンツも履けないんです。床にパンツを広げて、夫がその上に立って、私がパンツを上げて履かせてます。

別居の長女が様子を見に来てくれたとき、夫の着替えや入浴を手伝おうとしてくれたのですが、夫は頑なに受け入れませんでした。確かに私も、長男にお風呂に入れてもらうのは嫌ですね。

今回のけがは「治る」と医師から言われていますが、将来、介護が始まったときの予行演習みたいでした。

シモの世話をするのは配偶者？　子ども？

あまり想像したくないですが、**一人でトイレに行けなくなったり、入浴が困難になったりすることもあります**。「自分に限って、そんなことにはならない」と思いたいところですが、先のことは分かりません。

入院中や施設に入居した場合は、原則スタッフが行います。しかし、在宅のときは家族が行うことになります。サービスを利用しても、在宅介護では24時間体制ではありません。介護というほどでなくても、Iさんの夫のように「けが」から一時的にそういう事態に陥ることもあるでしょう。

夫婦であれば受け入れるケースが多いと思います（夫婦といっても家庭内別居をしているような夫婦では、シモの世話は難しい可能性も……）。では、子ども

介護をどこで受けたいか？ 受けてほしいか？

◆ 自分の親が要介護状態になったら、どこで介護を受けてほしいと思うか［単一回答形式］
対象：40代・50代で、親の介護経験がない人【n=250】
◆ 自身が要介護状態になったら、どこで介護を受けたいと思うか［単一回答形式］
対象：60代・70代【n=500】

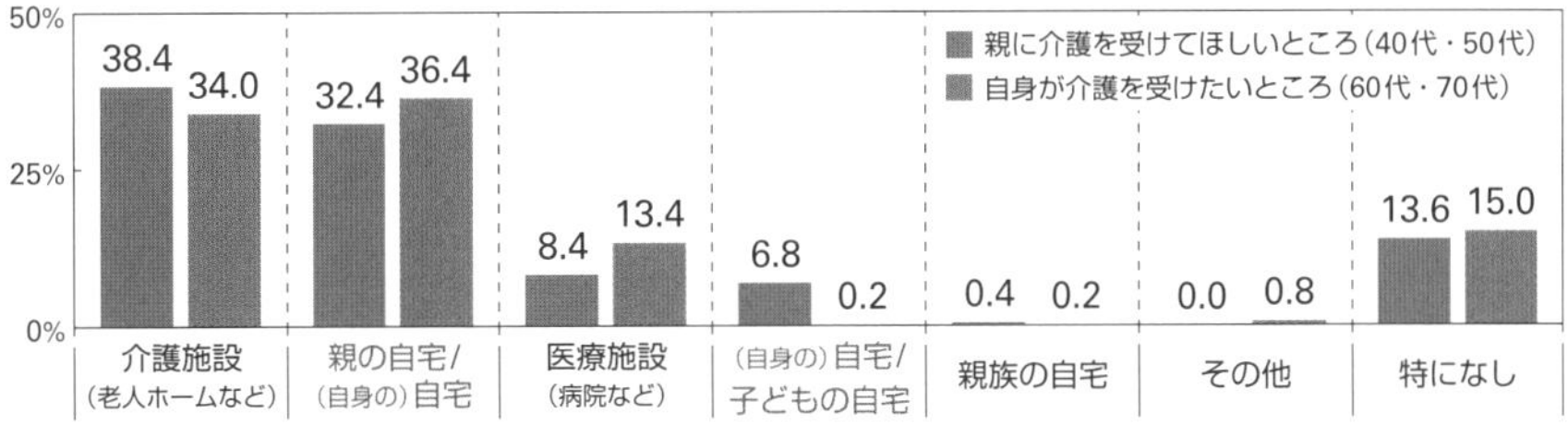

出典：アクサ生命「介護に関する親と子の意識調査2019」

60・70代では自身の介護場所として自宅を希望している人が多いのに対し、40・50代では、親の介護場所として介護施設を希望している人が多いという意識のギャップが見られる。

に頼むかどうか……。「汚い」とか「臭い」ということではなく、特に異性の親子間では難しいテーマです。

介護を受ける場所に影響する

本人が「受け入れられない」と言うなら、**家族ではない第三者に行ってもらう**必要があります。「仕方ない。そのときは子どもに頼もう」と思っても、子のほうが「親のシモの世話は無理」と言うかもしれません。そもそも遠方に暮らしていたら、心情的にはOKでも、物理的に困難です。日に複数回、介護保険のホームヘルプサービスを利用できるケースもありますが、「汚れても我慢」の時間も……。

この問題は、「介護を受ける場所」にも大きく影響します。施設入居を視野に入れるのかどうか、機会を見つけて、夫婦間、親子間で話し合っておきたいものです。「それでも自宅」と希望するなら、地域の在宅サービスの情報をよく調べ、そのときが来たら「とことん利用」が不可欠です。

駆けつけてくれない子ども

11 介護が必要な状態なのに、子はまるで他人事…

事例▶ある地方の介護事業所での出来事

事業所に所属するケアマネジャーが、大きな声を張り上げて電話で話しています。相手は、利用者Jさん（70代・女性）の遠方に暮らす子どもです。

「お願いですから、一度帰って来てください。一度でいいですから……」

ケアマネジャーは、次第に涙声となっていきました。

Jさんは介護の度合いが進み、今後のことを家族と話し合う必要があるのですが、何度電話をかけても子どもは聞く耳をもたず、帰省してくれないのだとか……。

駆けつけてくれる？

自分たちに何かあれば、必ず子は駆けつけて何とかしてくれると考えているかもしれません。

しかし、世の中には親に何かあっても「他人事」というか、深刻には受け止めないというか、行動に出ない子もいます。上記事例では、ケアマネジャーの電話の相手は「お任せします」の一辺倒。そのような子は「極一部」と思いたいところですが、実はそうともいえません。

あえて距離を取る子どももいる

子どものほうにもいろいろと事情があります。心配をさせまいと親には言っていないが重い病気を患っているとか、リストラされて交通費の捻出ができないと

離れて暮らす親子の連絡頻度

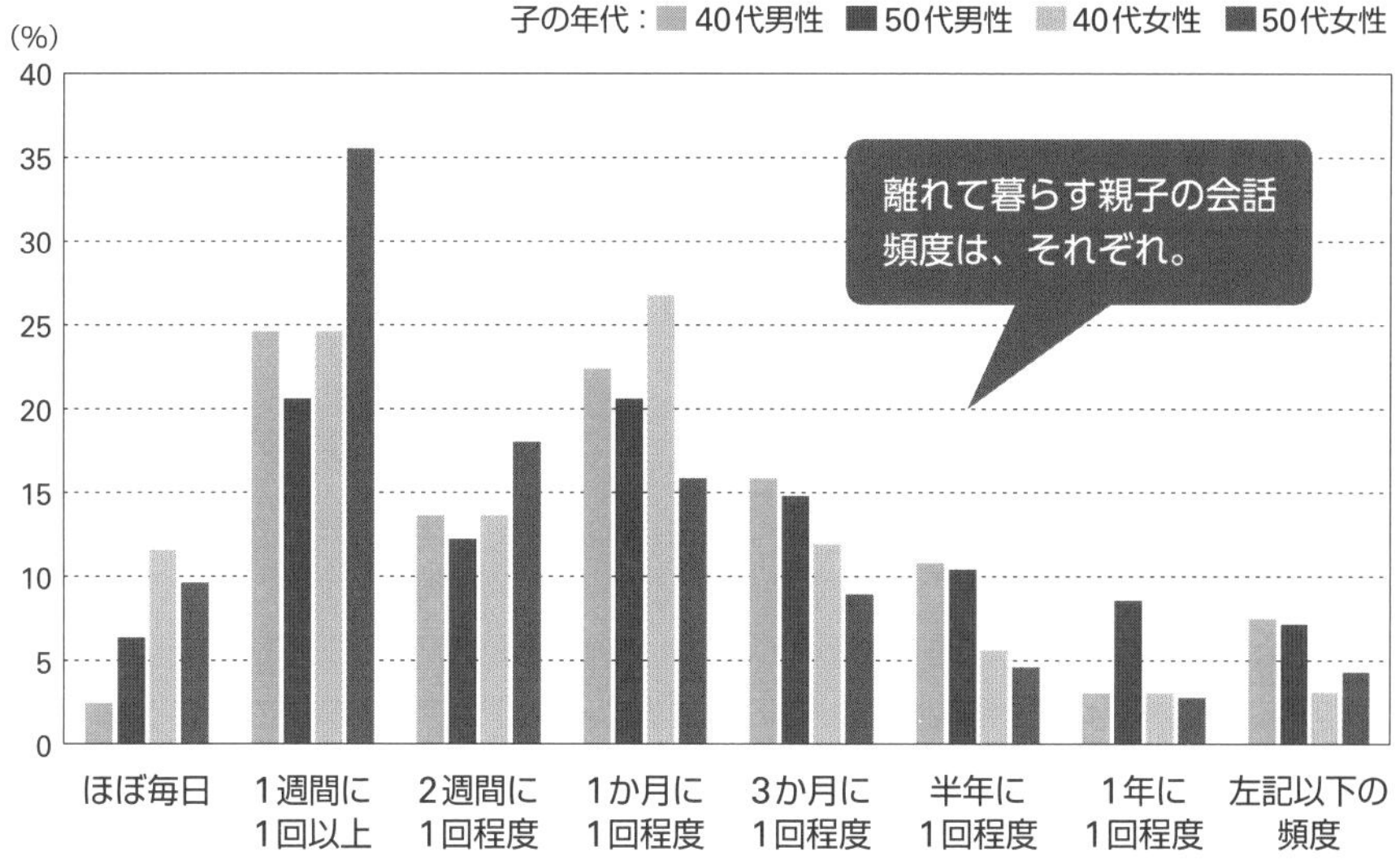

出典：ALSOK「別居している高齢の親を持つ子どもの意識調査」2019年

か、その子ども（自分にとっての孫）に何かがあって自宅を離れられないとか……。

一方、ここ数年、メディアでは「毒親」という言葉が生まれています。親側に意識はなくても、子どものほうには「関わりたくない理由」があり、距離を置いているケースもあるようです。

駆けつけてくれない理由に心当たりがなければ、冷静に聞いてみましょう。中には、話せば「そんなに困っているとは知らなかった」という子もいるかもしれません。また、日頃から大したことではなくても「大変だ」と連絡をしていると、親のことを〝大袈裟な人〟と捉えて静観している可能性もあります。

ただ残念ながら、アプローチしても子との心の距離を縮められない場合もあります。そのときは**「子ども不在」を前提に、ケアマネジャーらと今後のことを考えていく**必要があるでしょう。世の中には子どもがいない人も大勢いるのですから、なんとかなります。

一人で抱え込まず、子どもにSOSを！

国民生活基礎調査（2019年）によると、介護する側とされる側がともに高齢化する「老老介護」が、家族間で介護する世帯の6割を占めています。さらに、3世帯に1世帯は75歳以上同士だとか。80歳以上の介護者も少なくありません。

とことんサービスを利用しても、認知症が進んだり、一人でトイレに行けなくなったりすると、介護する側も疲れ果てます。「元気」といっても高齢です。「自分のことだけを考えればいいなら、元気で過ごせる。けれども、配偶者の介護が加わると苦しい……」と話すシニア世代に、幾度となく出会ってきました。

「子どもに迷惑をかけたくない」という気持ちが働いても、自分一人で抱え込まず、そんなときこそ、子どもにSOSを発信しましょう。自分だけでは解決できないことも、みんなで考えればきっとよい策が見つかります。地域包括支援センターでも、相談に乗ってくれるはずです。

「頼るのは限界が来てから」と考えていると、そこに待っているのは「共倒れ」です。後手になると、結局は子どもに負担をかけることにつながります。どうか「限界」まで頑張らないでください。

同居の主な介護者の年齢層

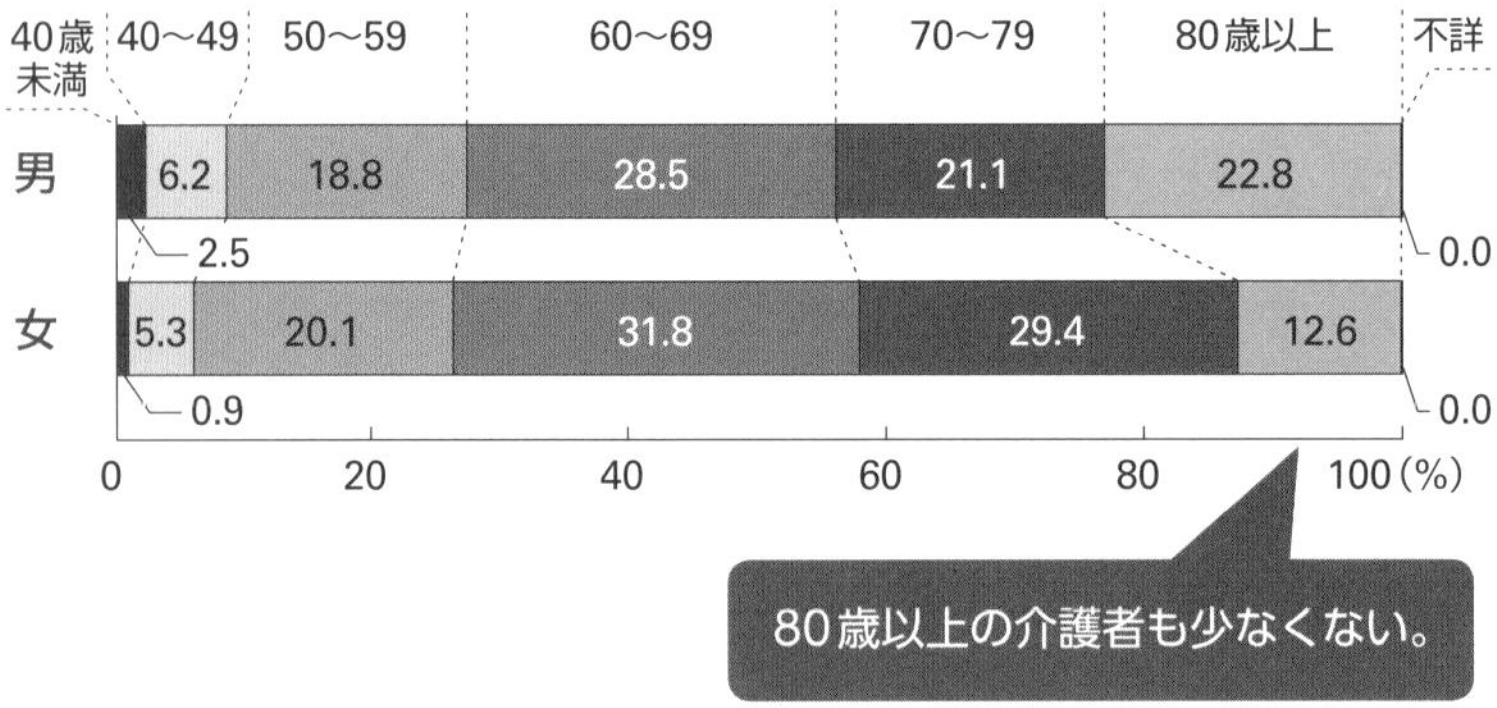

出典：厚生労働省「2019年 国民生活基礎調査の概況」

配偶者の死 4章

1 配偶者が亡くなり「一人暮らし」を実感

事例▶ Aさん（70代・男性）

妻が亡くなりました。自宅で倒れて救急搬送され、それから3週間後でした。遠方で暮らす長男は、その間は行ったり来たり。危篤となったときも家族と一緒に駆けつけてくれましたが、残念ながら最期には間に合いませんでした。

妻が亡くなったのが月曜日の早朝で、その夜に通夜、火曜日に葬儀と初七日（繰り上げ）。息子たちはその翌日に帰ったので、滞在はわずか2泊。

気づけば、広い自宅に一人きりで、「これからはずっと一人なんだ」と思い知りました。本当は長男に「もう少しいてくれ」と言いたかったのですが、言えませんでした。

男性は別居子との会話が乏しい

女性のほうが長寿であるせいか、**妻に看取ってもらうつもりの男性は多い**ようです。しかし、その順序は誰にも分かりません。今は夫婦で暮らしていても、子どもがいない人、子どもがいても別居の人は、男性であろうと、女性であろうと、**配偶者の葬儀が終われば一人暮らし**が始まります。

男性は子どもや地域の人との会話が少ない傾向があるので、孤立しないよう注意を。妻との死別で一人暮らしになった60代、70代の男性のうち、別居する家族と週に一度以上会話する人は27％（同女性＝50・8％）。4割以上が「1か月に一度」「ほとんど話をしない」と回答しています（第一生命経済研究所ライフデザイン研究本部「配偶者と死別した独居高齢者の人間関係」

「社会的孤立」と「閉じこもり」による6年間の生存曲線

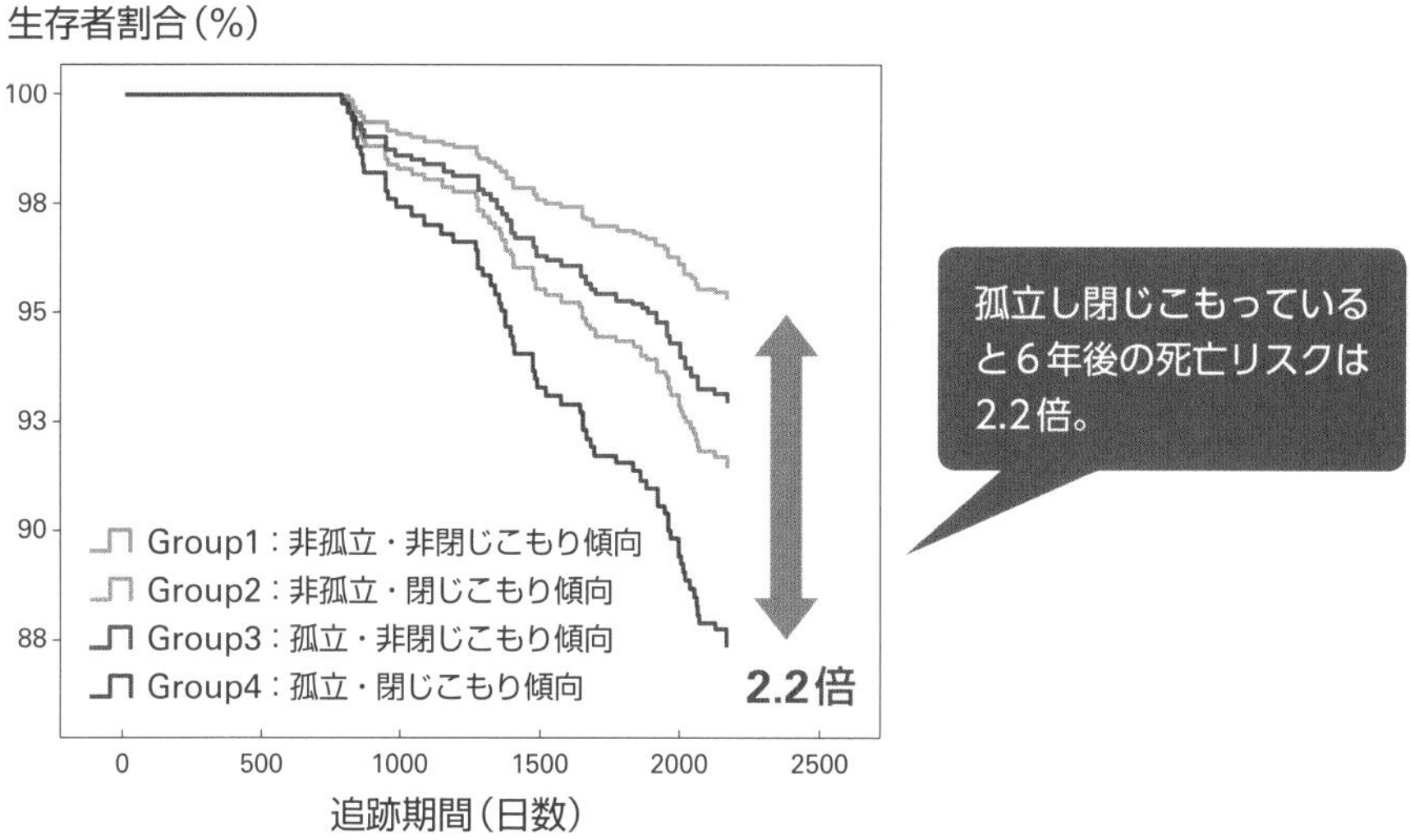

出典：東京都健康長寿医療センター研究所プレスリリース「高齢期の社会的孤立と閉じこもり傾向による死亡リスク約2倍」2018年、Sakurai et al., Int Psychogeriatr. 2019: 703-711

２０１７年）。同じ調査で、「近所でちょっと立ち話できる人」の有無についても聞いていますが、女性は約７割がいると答えているのに対し、男性は４割弱です。

〝孤立〟すると死亡リスクがアップ

一人になっても、さまざまな人間関係を楽しみながら生き生きと暮らすシニアは大勢います。一方で、毎日誰とも話さず、「孤立」しているシニアも少なくありません。会話が乏しくなることで、生きがいや生活の張り合いがなくなり、それが健康を害していくことにもつながりかねません。**周囲と交流せず、外出の頻度が低い高齢者の6年後の死亡リスクは２・２倍**にもなるという調査結果があります。

中には、配偶者を亡くしてうつになる人もおり、気持ちの持ちようだけでは乗り越えられないケースも。そんなとき、**グリーフケア（死別の悲しみに寄り添う援助）を得意とするカウンセリングや、心療内科にかかる**ことが有効です。

2 配偶者の遺品整理で子どもと喧嘩に…

事例▶ Bさん（70代・男性）

がんで妻を亡くしました。進行が速く、闘病期間は半年ほどでした。

家のことは妻に任せていたので、一人になるとどこに何があるかも分かりません。妻もあまり整理上手ではないほうで、特に最期は具合の悪い日が続いていたため、家の中は雑然とした状態でした。

長男夫婦が「こんなに散らかっていると、生活できない」と言って片づけ始めたのですが、亡くなって1週間もたたないうちです。妻の洋服まで捨てようとするので、とうとう我慢できなくなって、「いいかげんにしろ！」と怒鳴りつけました。

遺品への思いは立場で異なる

配偶者が亡くなっても生活は続きます。一人分の食事を用意し、着替え、洗濯、掃除、入浴……。特に男性が残された場合は、家のどこに何があるかが分からず困ることもあります。また、闘病後の死亡の場合、掃除や整理を長らくしておらず家の中が雑然となっていることもあるでしょう。

Bさんの長男夫婦は父親の一人暮らしがスムーズにいくようにと、家の中の整理を始めたのだと思います。確かに片づいていないと、転倒などのリスクが高くなります。また、忙しくて度々時間を確保するのが難しいから、「この際」と母親の洋服処分にも手をつけたのかもしれません。

子が良かれと思ってやってくれていることでも、イ

配偶者の遺品を片づける方法

形見分け	故人の大切にしていた物を身内や知り合いで分ける
遺品整理	必要な物と不要な物を分け、必要な物だけを残す

片づける目的は…

① 生前の故人に思いを馳せる

② 故人の死を受け止めるための過程とする

③ 故人に対して別れを伝える

ラッとすることがあるでしょう。**「お母さんの思い出の品は、四十九日が終わってから整理したい」「自分でゆっくり片づけたい」など率直に希望を伝え**たいものです。

自分にとって必要な物を残す

配偶者の寝ていたベッドを早々に処分した女性がいました。子どもからは「もう、捨てるの?」と言われたそうですが、「二度と戻ってこない夫のベッドを置いておくのはつらい」と女性。それに、ベッドが1台なくなることで空間が広くなり、動線が確保されます。掃除も楽になりました。

立場によって思いは異なるものです。子どもとの対話を心がけましょう。そして、配偶者の**遺品は「捨てる」のではなく、「自分にとって必要な物を残す」という感覚**で。

3 一人ぼっちは寂しくて孤独……

事例▶ Cさん（70代・女性）

夫を亡くして、一人暮らしになりました。最初は相続などの手続きもあって、離れて暮らす子どもが月に1回は帰省していたので、気が張っていたのかもしれません。

近所に友達もいますし、日中は公民館に出かけることも多いので寂しさを感じませんが、夕方、自宅に戻ると涙がこみあげてきます。居間が広く感じられて、娘に電話をかけるようになりました。

はじめは娘も優しく対応してくれたのですが、何度目かのときに「私も仕事で疲れているから」と言われてしまって……。それからは、電話をかけづらくなりました。

長電話で愚痴ると子の負担に

配偶者を亡くして一人暮らしとなった人から、「不安感と孤独感に苛まれる」という声を聞くことがあります。とりわけ、**夕方以降の時間帯**にそういう心境に陥るようです。ときには、「何のために生きているんだろう」とさえ思え、苦しくなることもあると……。

そんなとき、子どもに電話をすると最初のうちはゆっくり向き合ってくれるかもしれません。優しくされると、つい長電話に。しかし、子の立場の人からすると、仕事を終えて帰宅して家の用事をしているのに、電話で愚痴を延々と聞かされるのは、迷惑といわないまでも「シンドイ」という声を度々聞きます。

孤独なときに対応してくれる電話窓口

シニアダイヤル 03-3293-0351	● 13:00〜17:00、日・祝日除く ● 東京YWCAが実施。誰かと話したいとき、寂しいとき、悲しいとき、困ったときなどに対応
高齢者 **夜間安心電話** 03-5944-8640	● 19:30〜22:30、年中無休 ● 東京社会福祉士会が実施。介護に関すること、生きがいや人間関係のことなど、多岐に渡る相談に対応
高齢者電話相談／ふれあい電話訪問	● 自治体や社会福祉協議会などが実施 ● 高齢者向けの電話相談、定期的な電話による話し相手 ● 自治体によって実施有無、名称、内容、時間帯はさまざま（地域包括支援センターなどで確認）

公的な電話窓口も活用

夜間に孤独に襲われるという人が多いため、東京社会福祉士会では1998年より**高齢者のための「夜間安心電話」**を実施しています。日中なら、各地で公的なシニア向けの電話相談窓口も開設されています。

あるいは、同じように一人暮らしの友人と連絡を取り合うのも方法です。また、子どもともLINEなどのSNSを使って交流すると、負担をかけ合うことなく「つながっている」感覚を得られます。

ただ、突然LINEを使おうと思っても難しいでしょう。元気なうちにスマートフォンに挑戦しておくのも一案です。コロナ禍に、「LINEのビデオチャットで子どもとテレビ電話ができた。しかも無料で！」と喜ぶシニアもいます。「既読マークが安否確認になる」と話す子世代も。

それでもやっぱり寂しい、孤独という場合は、高齢者向け住宅や施設入居も選択肢として検討したほうがいい場合もあります。

4 深夜に苦しくなったり、転倒したら？

事例▶ Dさん（60代・女性）

夫が亡くなって以来、一人で暮らしています。先日、夜中に胸が苦しくて目が覚めました。少し様子を見たら治るだろうと思っていましたが、一向によくなりません。

我慢するのがつらくなってベッドから出ようとしたのですが、思うように身体が動かなくて……。「枕元に携帯電話を置いておけばよかった」と思いながら、意識が遠のいていきました。

次に目が覚めたときに、なんとか電話機のところまで歩けたので、救急車を呼ぶことができました。

自分のために救急車を呼ぶのは難しい

一人暮らしの場合、夜中に具合が悪くなったり転倒して動けなくなったりしても、誰も見つけてはくれません。我慢しすぎると、Dさんのように電話機のところまで行くこともできず……。

配偶者と暮らしているとき以上に、「早めの通報」を心がける必要があります。また**枕元に電話機を置いておくのは必須**です。ワンプッシュで子どもに電話できるように設定しておくと安心感も高まります。

サービスを使う方法も考えられます。自治体の多くで、**一人暮らしの65歳以上の人向けに「緊急通報システム」を提供**しています。ペンダント型のボタンを押すと、何かあった場合にあらかじめ決められたセンターなどに通報できる仕組みです。民間のホームセキュ

自治体が実施する緊急通報システムサービスの例

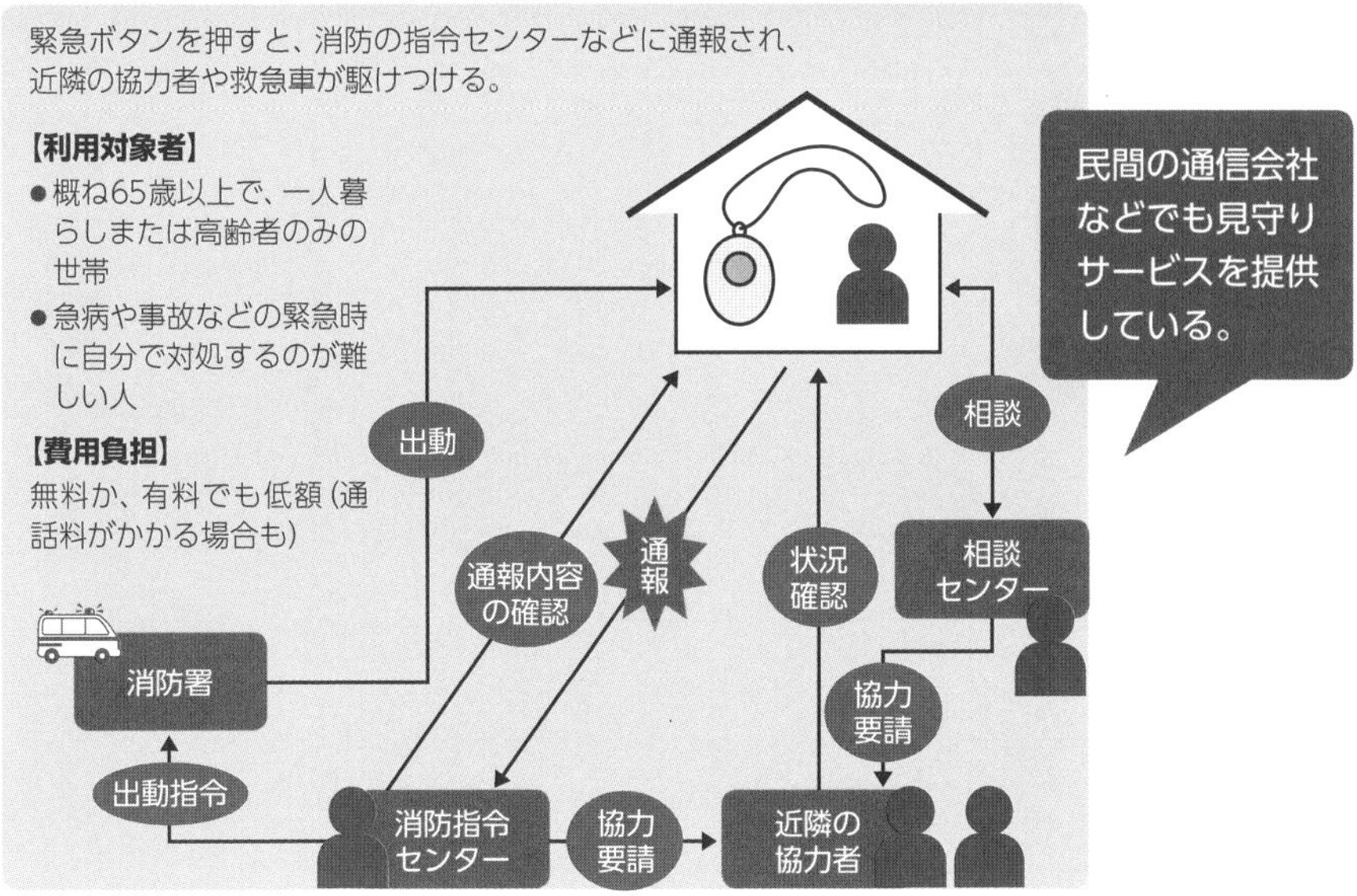
緊急ボタンを押すと、消防の指令センターなどに通報され、近隣の協力者や救急車が駆けつける。
【利用対象者】
●概ね65歳以上で、一人暮らしまたは高齢者のみの世帯
●急病や事故などの緊急時に自分で対処するのが難しい人
【費用負担】
無料か、有料でも低額（通話料がかかる場合も）
民間の通信会社などでも見守りサービスを提供している。
出動
相談
相談センター
通報内容の確認
通報
状況確認
消防署
協力要請
出動指令
消防指令センター
協力要請
近隣の協力者

リティでも、オプションで緊急ボタンを付けられるサービスが一般的です。

倒れていることを察知してもらうために

Dさんは2度目に目を覚ましたときに自ら救急車を呼ぶことができました。が、もしも動けないままだったら……？

「見守りサービス」と呼ばれる民間サービスを使うことで、不安を軽減できる場合があります。企業ごとにサービスの内容は異なりますが、普段通りに暮らしていることを家族に知らせるサービスです。住居内の移動、冷蔵庫の開閉、電気ポットやガス・電気の使用状況などを、離れて暮らす家族に知らせます。

また、近所の一人暮らしの友人と「お互いさま」で見守り合っている人もいます。朝にカーテンが開いていないとか、新聞が取り込まれていないとか、いつもと様子が異なると「緊急事態」の可能性あり。鍵を預け合っていれば、中に入って確認し合えます。

5 「孤独死」だけはしたくない…

事例▶ Eさん（80代・男性）

Eさんは、妻を亡くしてから一人暮らしです。長女からは施設に入居することをすすめられていましたが、「元気なうちは住み慣れたこの家で暮らしたい」が口癖でした。

ある日、いつものようにゲートボールに出かけて帰宅。汗を流そうと自宅のお風呂に入ったのですが……。

その夜、長女が実家に電話をかけてもつながらないので駆けつけると、Eさんは浴室で亡くなっていました。

死んでいくときは一人

できれば「孤独死は避けたい」と考えている人は多いと思います。ただ、何を「孤独死」とするかについては、人によって捉え方に違いがあるようです。
①誰にも看取られずに亡くなること
②死の数日後に「異臭」によって発見されること
もし、①を避けたいなら、一人暮らしの継続は難しいと思います。どんなに注意しても、「死」は突然やってくることがあるからです。

しかし、子と同居しても、子の不在中に倒れることもあります。施設に入っても、24時間スタッフがそばにいるわけではありません。つまり、**生きている以上、誰にも看取られずに亡くなることは許容しなければいけない**のではないでしょうか。65歳以上に限ったこと

「死亡診断」と「死体検案」

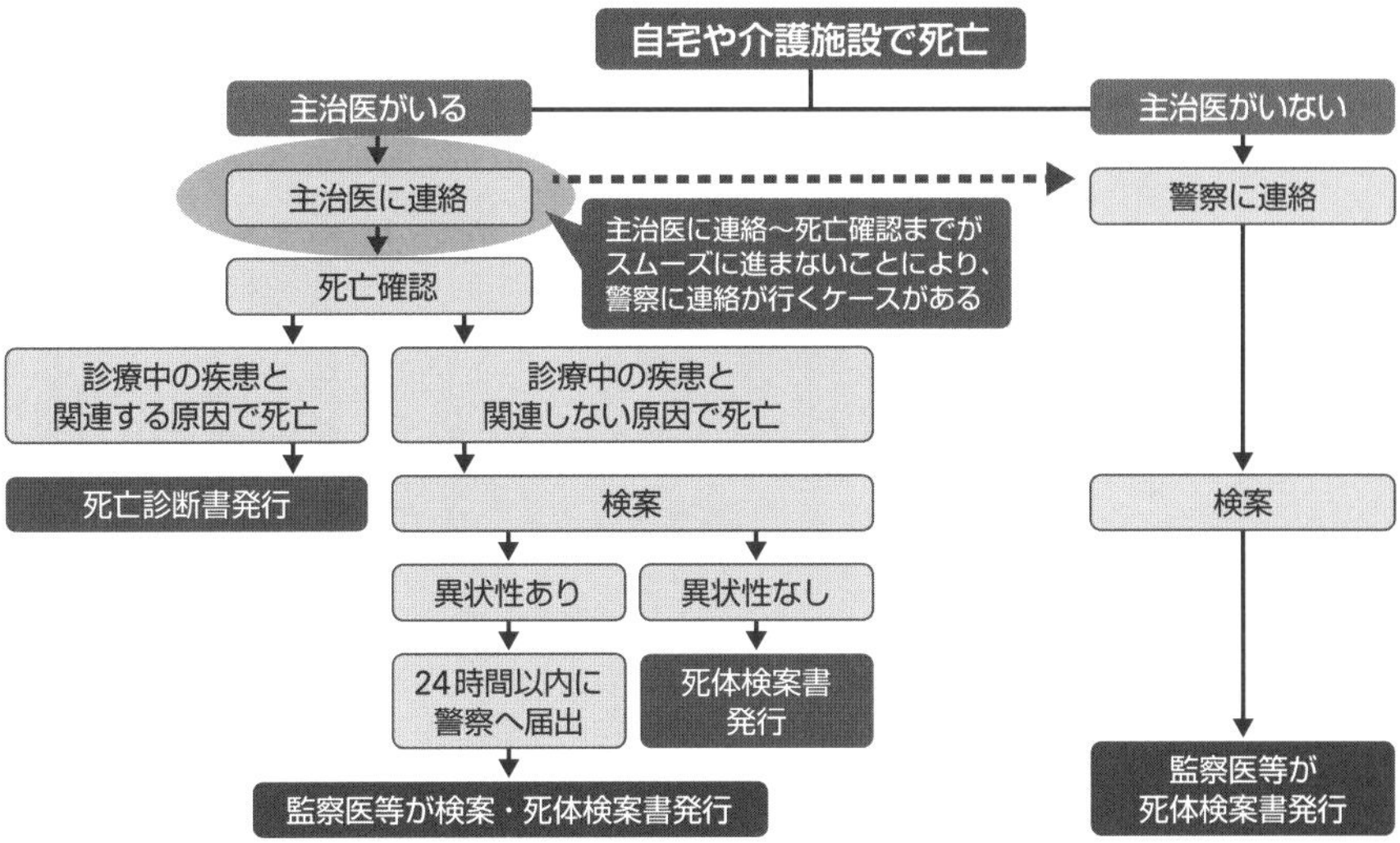

出典：公益社団法人日本看護協会「在宅看取りの推進に向けた死亡診断の規制緩和について」規制改革会議第38回健康・医療ワーキング・グループ（内閣府）提出資料、2015年

でなく、若い世代にもいえることです。

一方で、「孤独死」を②の「異臭」によって発見されることと捉えるなら、前項で紹介したような対策を講じることで避けられるでしょう。Eさんも長女と毎日連絡をとっていたため、当日に発見されました。

まさにピンピンコロリ

Eさんのように息を引き取っているのが発見されると、かかりつけ医に連絡されます。24時間以内に診察を受けていたなら、死亡診断書を書いてもらえます。かかりつけ医がいない場合や、いても持病とは異なる死因が疑われる場合は、**警察に連絡され「死体検案」**が行われます。

「死んで警察の世話になるのは嫌だ」と思うかもしれませんが、ものは考えようです。なぜなら、多くの人が望む**「ピンピンコロリ」**ともいえるからです。

Eさんも、「住み慣れた自宅で、ぎりぎりまで元気に過ごせて幸せだった」と思っているかもしれません。

6 娘に文句を言ったら叩かれた！

事例▶Fさん（70代・女性）

夫を亡くして一人暮らしとなりました。歩行に不自由があって、介護保険の認定は要介護1です。

夫が生きている頃から、車で30分ほどのところに暮らす独身の娘が、週に2回来ては買い物を手伝ってくれていました。でも、夫が亡くなってからは滅多に顔を見せません。一人になったのだから、来る回数を増やしてほしいくらいなのに。

苛立っていたこともあり、娘が久しぶりに来たときに、「なぜ、ちっとも来ないの。親不孝者」と言ってしまいました。途端に娘は怖い顔になり、テーブルにのせていた私の手をピシッと叩いたんです。

夫婦の一方が亡くなると関係性が変わる

子どもは両親に対していろんな感情を抱いています。ストレスを抱えている場合もあります。そんな中、夫婦の一方が亡くなると、親子の関係性に変化が生じることが……。

ストレスに感じていたほうが亡くなると、残された親と子の関係は良好に。一方、子にとってストレスとなっている者だけになると、Fさんのように難しい間柄になることがあります。

高齢者虐待とは

長女がFさんの手を叩いたのは、「親不孝者」という言葉に反応した一過性のものか、あるいは高齢者虐待といえるものかは分かりませんが、その関係性には注

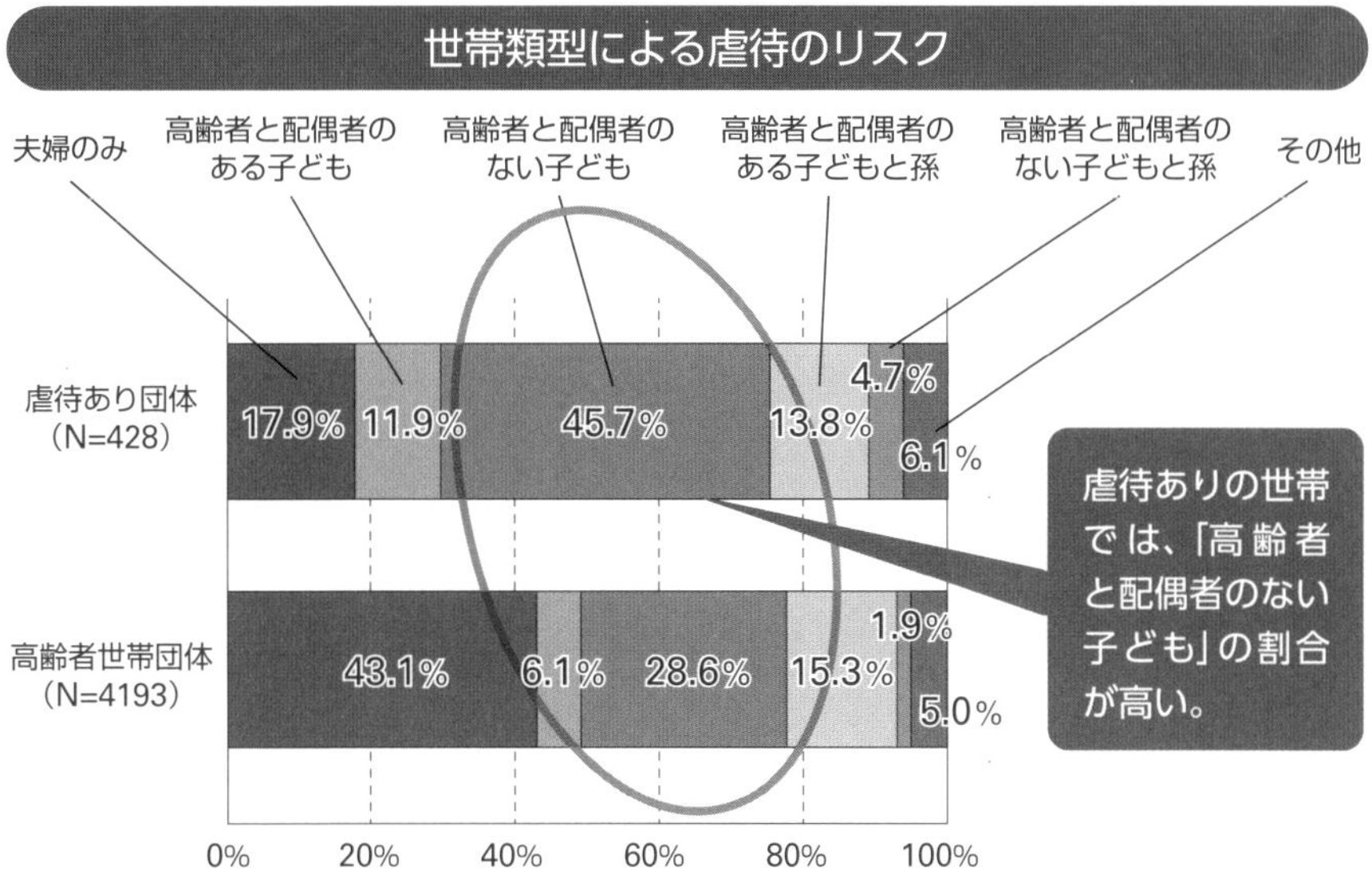

出典：東京都「事例情報調査」、「平成12年度社会福祉基礎調査『高齢者の生活実態』」

意が必要だと思います。

高齢者虐待には、「身体的虐待」「心理的虐待」「性的虐待」「経済的虐待」「介護・世話の放棄・放任」があるとされています。増加している背景には、都市化や少子高齢化の進行に伴って、高齢者を支える家族の単位が小さくなってきたことや、介護期間の長期化なども影響していると考えられています。

世帯別に見ると、**夫婦のみ世帯、高齢者と単身の子ども世帯などの小規模家庭**で発生するリスクが高まります。Fさんのところは別居ですが、**関わる家族が一対一の場合はリスクが高まる**と考えたほうがいいでしょう。

家庭内での二人きりのことなので、解決策を見いだすのは容易ではありません。長女にも言い分があると思います。しかし、**話し合いが難しい場合は、ケアマネジャーや地域包括支援センターに相談**してみましょう。

7 配偶者が亡くなっても、経済的に大丈夫？

事例▶ Gさん（60代・女性）

夫が進行がんで急逝しました。長くないことを知ってから、「私一人になって、経済的に大丈夫だろうか？」という不安が常にありました。不動産のことも蓄えのことも夫に任せきっていたんです。

余命宣告の後で、お金のことを夫に聞いておいたほうがいいと思ったのですが、「死んだ後の話」をするようでためらいました。

でも、元気なうちにいろいろ聞いておけばよかった。夫婦合わせて22万円ほどあった年金は大幅に減りました。支出はそれほど変わらないのに。これから、やっていけるのでしょうか。

生活費はそれほど減らない

当然ですが、夫婦の一方が亡くなると、年金は一人分に。左上は現役時代の働き方によって、どのように年金額が推移するかの例です。場合によっては、一気に半減するケースも。「こんなに少ないの？」と驚く人もいます。Gさんは夫の扶養になっていたので、夫の死後、世帯年金は月22万円ほどから13・2万円ほどになりました。

厳しくなるからこそ、自身の老後の生活設計を行うことは不可欠です。家計調査によると、**高齢夫婦の総支出（月）は約27万円なのに対し、一人暮らしでは約16万円**です（P57）。一気に赤字になる可能性があります。

現役時代の働き方による配偶者亡き後の年金の例（月額）

現役時代の働き方	・会社員だった夫（妻） ・夫（妻）の扶養になっていた妻（夫）	・会社員だった夫（妻） ・契約社員だった妻（夫）	・会社員だった夫 ・会社員だった妻	夫婦で自営業
夫婦健在時の年金	夫：15.5万円 妻：6.5万円 計：22万円	夫：15.5万円 妻：12万円 計：27.5万円	夫：15.5万円 妻：15.5万円 計：31万円	夫：6.5万円 妻：6.5万円 計：13万円
夫死亡後の年金	遺族年金：6.7万円 妻：６.5万円 計：13.2万円	遺族年金：7.2万円 妻：6.5万円 計：13.7万円	妻：15.5万円 計：15.5万円	妻：6.5 計：6.5万円
	▲8.8万円	▲13.8万円	▲15.5万円	▲6.5万円

老後資金について自分で考えるのが難しい場合は、ファイナンシャルプランナーに相談するのも一案。

一方が亡くなった後の年金額を確認

できれば夫婦が元気なうちから、**一人になった場合の年金額の目安を知っておきたい**ものです。日本年金機構の年金相談にコンタクトすれば、概算を教えてもらうことができます。

普段家計簿をつけていない人でも、1か月だけでもつけることによって、支出をイメージできます。3か月ほどつけると、月々の収支が見えてきます。Gさんの場合は、夫の相続手続きの過程で、預貯金や不動産など資産の全体像が分かるはずです。

配偶者が亡くなっても、自分の生活は続きます。100歳まで生きると考えて、老後資金をプランしたいものです（自分で考えることが難しい場合、ファイナンシャルプランナーに相談するのも一案です。日本FP協会のウェブサイトには「相談できるFP」を探せるページがあるので参考に）。

●日本FP協会　https://www.jafp.or.jp/

8 「心配だから」と無職の子が住み着いた

事例▶ Hさん（70代・女性）

夫が亡くなって一人暮らしになったのですが、葬儀から少しした頃に、遠方で暮らしていた独身の息子が「心配だから」と言って仕事を辞めて戻ってきました。仕事を辞めたのには驚きましたが、私も初めての一人暮らしに心細さもあり、嬉しい気持ちもありました。

でも、息子は一向に仕事を探す気配がありません。家賃や食費を入れようともしません。私の年金で生活しているくせに、食事の味付けが薄いと文句を言ったり、私がテレビを観ているのに勝手にチャンネルを変えたり……。この生活にストレスがたまってきました。

一人になると立場が弱くなる

Hさんのところは、夫が亡くなった後に長男が戻ってきました。一方、もともと夫婦と子どもの3人暮らしで、夫婦のどちらかの死亡により子との二人暮らしが始まるケースもあります。

いずれにしても、穏やかに子と二人暮らしできる場合もあるでしょう。しかし、そうはいかないケースもあります。食事の味付け、テレビのチャンネル争い程度ならまだしも、エスカレートして「高齢者虐待」（P122）の域に入ることすらあります。

価値観や考え方に大きな隔たりがある場合、一つ屋根の下で暮らすというのは容易ではありません。

無職の子との二人暮らしには危険が！

親			子	
親	時間があるなら介護をしてほしい	VS	子	できれば介護をしたくない
親	介護も家のこともしないなら、仕事をしてほしい	VS	子	親の年金があるんだから、働きたくない
親	老後のために蓄えたお金なんだから、自分のために使って快適な老後を	VS	子	なるべく財産を残してほしい

両者の利害は一致しにくい。

子が自宅に引きこもり？

一方、**80代くらいの親宅に50代くらいの子が引きこもる**ケースが増え、「8050（はちまるごーまる）問題」と呼ばれる社会問題となっています。周囲から「仕事をしていないことを非難されるのでは」「仕事をしない子がいるのは世間体が悪い」などの理由から、介護などの課題が生じても行政に支援を求めず、孤立してしまうことがあります。

各都道府県や一部自治体には「引きこもり地域支援センター」が設置されているので、この件での悩みがあれば相談を。

一人暮らしになった際に、子どもが「戻ってくる」と言ったら、こうした課題があることを考えた上で応じたいものです。Hさんの長男は事後報告でしたが、**事前に「仕事を辞める」という話が出たら反対**しましょう。後々、「親を看るために仕事を辞めた」などと言われれば、**年金をあてにされても文句を言いにくくなります**。

9 夫の死後は、夫の親族と関わりたくない！

事例▶ Iさん（60代・女性）

夫ががんで亡くなりました。夫婦関係は良好でしたが、夫には素行が悪くてお金にだらしない弟がいて、夫は何かと尻ぬぐいをさせられ迷惑していました。夫ががんになったのも、義弟が原因の心労のせいだと思っています。

葬儀が終わって食事をしていたときに、義弟に「義姉さん、これからもよろしく」と言われましたが、もう関わりたくありません。

考え抜いた末、自分の身を守るために「死後離婚」に踏み切ることを決めました。

「姻族関係終了届」とは

離婚をする場合は、配偶者とともにその親族との関係も断つことができます。しかし、夫婦の一方が死亡する「死別」の場合には、相手の親族との関係は終了しません。死別した配偶者の親は義親であり、兄弟姉妹は義きょうだいとして関係が続きます。

例えば、配偶者の生前、その親の介護や経済的支援をしてきたとします。配偶者の死亡後、「やめたい」と思うことがあるかもしれません。しかし、関係性に変わりがないと、「介護をやめます」とは言いにくいものです。

そんなときに使える手段が**「死後離婚」**です。この言葉自体は造語で、実際は**死後に「姻族関係終了届」という書類を役所に提出**します。死亡した配偶者側の

姻族関係終了届を提出すると、こう変わる

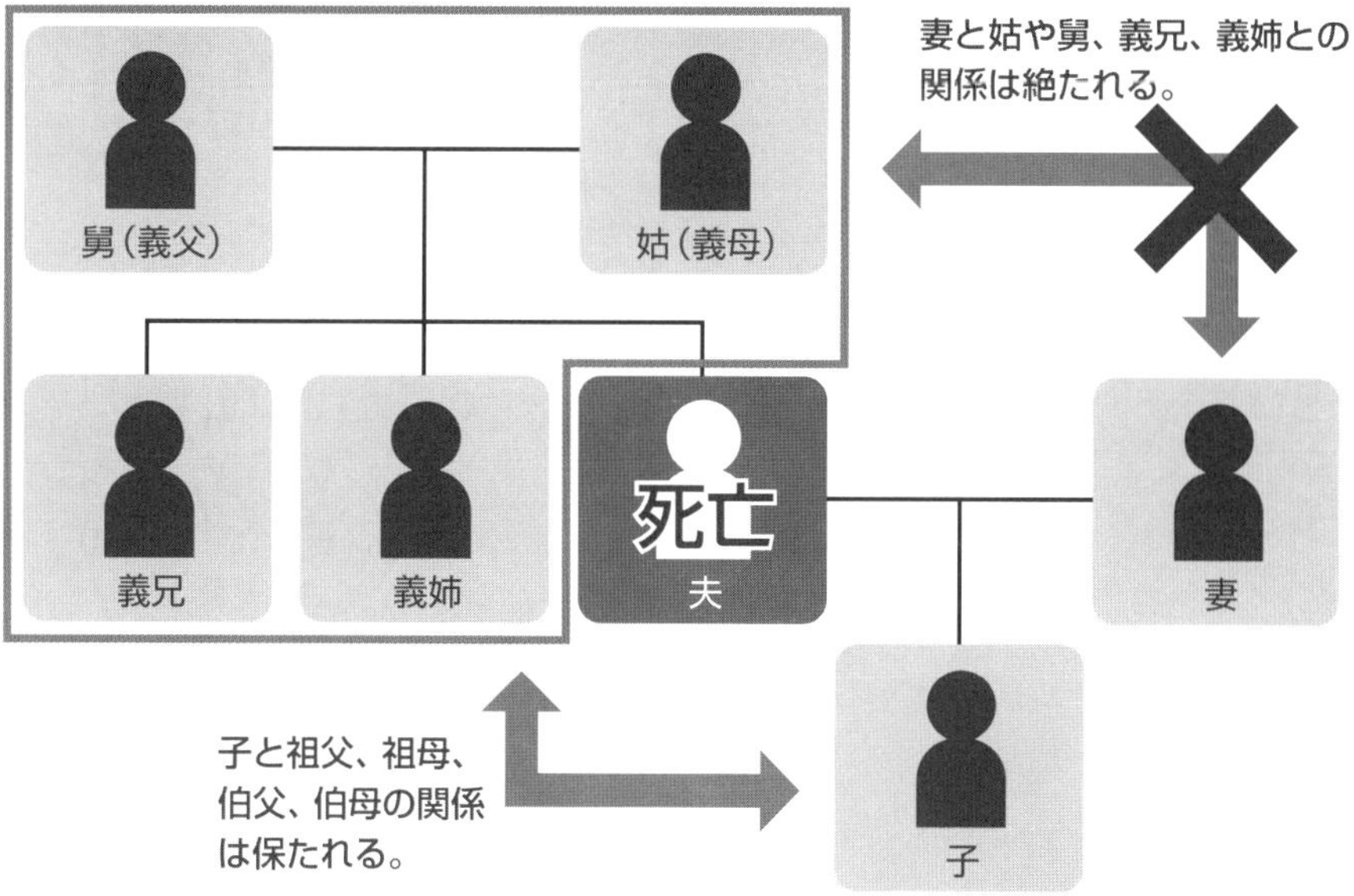
妻と姑や舅、義兄、義姉との関係は絶たれる。
舅（義父）
姑（義母）
義兄
義姉
死亡
夫
妻
子
子と祖父、祖母、伯父、伯母の関係は保たれる。

親族との姻族関係解消の意思を具体的に示す届け出です。

親族関係が切れるのは自分だけ

姻族関係終了届を提出することによるデメリットは、少ないと思います。**配偶者の遺族年金を受給する権利も失われない**のでご心配なく。

一つ懸念があるとすれば……。Iさんのケースで言うと、提出によってIさんと義弟の親族関係は終了しますが、Iさんの子と義弟らとの関係は継続するという点です。Iさんが関係を断ったことで、義弟が次は子に接近する可能性も……。このあたりの事情を、子としっかり共有しておくことが大切です。

もし子が義弟に対して毅然とした態度を取れないと、負担はIさんから子に移行するだけ。また、子が事情を知らないと、「死後離婚」という響きに、Iさんに対して〝薄情者〟という印象を抱くかもしれません。

10 再婚を考えているけど、子の反応が心配…

事例▶ Jさん（70代・男性）

5年前に妻を亡くし、ずっと一人で暮らしていました。次第に寂しさが募って、結婚相談所がやっているシニア向けのお見合いパーティーに参加してみました。15歳年下の女性と知り合うことができ、真剣に再婚を考えています。

ところが、息子と娘に再婚の話を切り出したところ、二人とも明らかに嫌な顔をします。「お金目当てに決まっている」とか、「いい歳をして何言ってる」などと非難されて、まったく余計なお世話ですよ。

応援してくれる子、反対する子

配偶者亡き後、再婚を考える人は増加傾向にあります。人生１００年時代と考えると、70歳での余命は30年も！

再婚を検討した際の子の反応はさまざまです。「第二の人生を楽しいものに」と応援してくれたり、「もし介護が必要になったときに、パートナーがいればその人に頼めるから」とちゃっかり前向きに捉えたり……。

一方、これまでの親子関係が悪いと、素直に喜んではくれないケースも。特に、亡くなった親が幸せでなかった場合、反発心からか反対する声をよく聞きます。極端な例かもしれませんが、「父親は女性関係が派手で、亡くなった母親はいつも泣いていた」という場合、父親の再婚話には大反対の声があがりがちです。

配偶者と死別した後の異性とのつきあい方

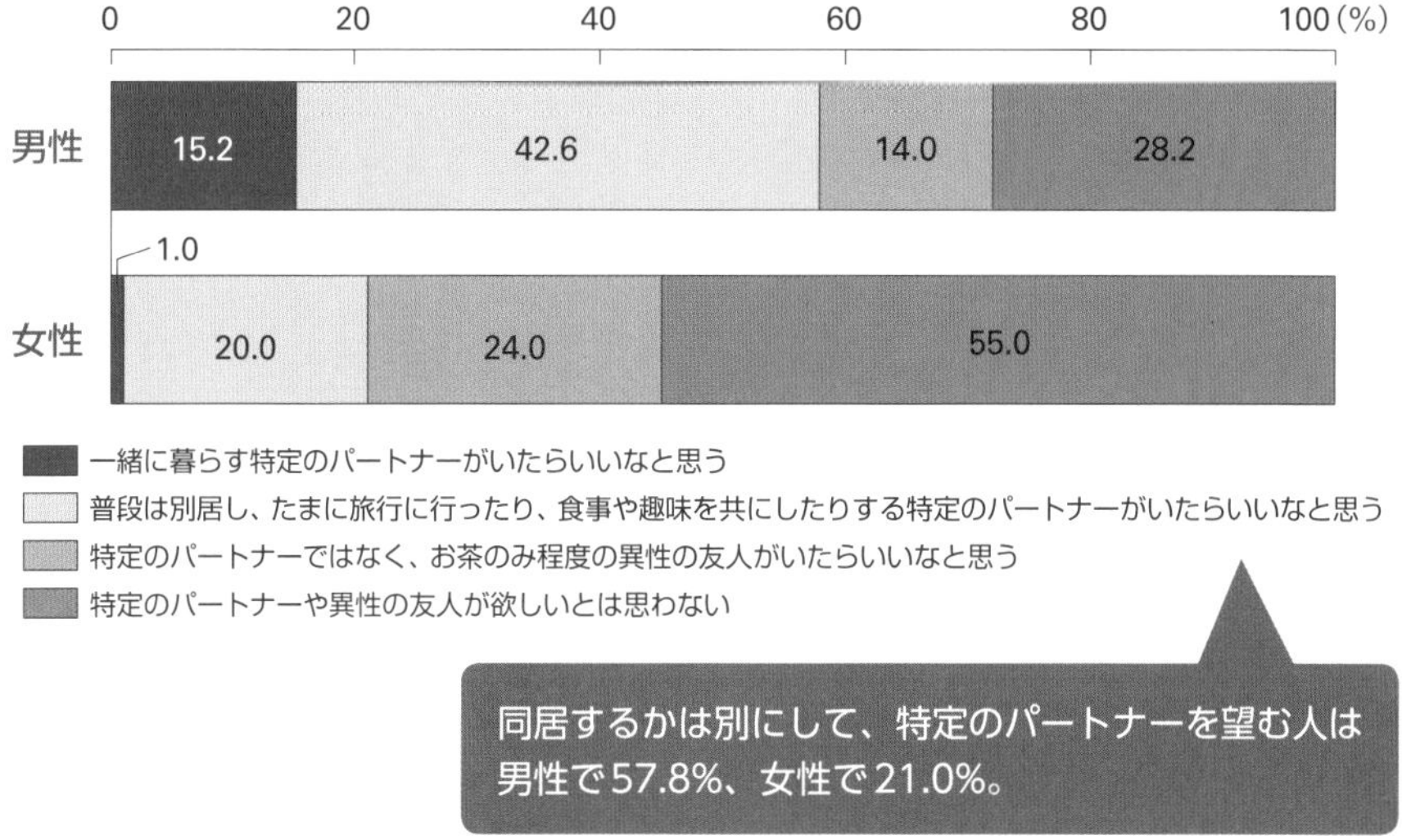

※配偶者と死別し、一人暮らしをしている60～79歳までの男女1000人を対象に調査
出典：第一生命経済研究所「配偶者と死別したひとり暮らし高齢者の幸福感」2017年

"争族"が勃発することも

心情的な面だけでなく、**再婚にはお金の話もからむ**ので、ややこしさは増長しがち……。例えば、Jさんに5000万円の財産があるとします。再婚しなければ、Jさんが亡くなると長男、長女は2500万円ずつの相続となりますが、妻がいると2500万円は妻のもの。子どもたちの取り分は1250万円ずつに。婚姻届けを出した翌日に亡くなったとしても、この配分に変わりはありません。

正解はありませんが、急がずに相手と子どもたちが話せる場を設けることが大切なのではないでしょうか。もめごとを避けるために、婚姻届を出さない事実婚や通い婚を選ぶシニアも少なくないようです。

Column

後妻業？

作家の黒川博行氏の本やテレビドラマで「後妻業」という言葉を知った人は、少なくないのではないでしょうか。いわゆる「財産目当て」で高齢男性を狙い、入籍あるいは内縁関係になった後、遺産を根こそぎ奪うというものです。この小説も実話がモデルになっているとか。

後妻業のようにインパクトのある言葉が広まってくると、余計に再婚を検討する相手と「お金」について話しにくくなるかもしれません。女性が年下の場合は、相手やその家族から「後妻業」と疑われたら……という気持ちが働きがちです。

しかし、再婚を考えるなら「相手のお金のこと」を抜きにはできないのではないでしょうか。籍を入れる以上は、通常、二人のお金が老後資金となるからです。

前夫や前妻を亡くした人の中には、遺族年金が生活費の柱になっている人もいるかもしれません。当然ですが、再婚するとそれは打ち切られます。遺族年金がなくなると、懐が乏しくなることも……。となると、再婚を考える相手はどれくらい年金をもらっているのかが気になってきます（いよいよ「後妻業」と誤解を与えそうで聞きにくいかもしれませんが）。

お金の話だけではありません。今は70歳くらいでも90代以上の親が存命中という人は珍しくありません。その親の介護は？

再婚に向かって気持ちがたかぶっていると、子どもに反対された場合に「余計なお世話！」と考えがちです。しかし、現実問題として考えておくべきことはたくさんあります。冷静になることも必要でしょう。

住まう場 5章

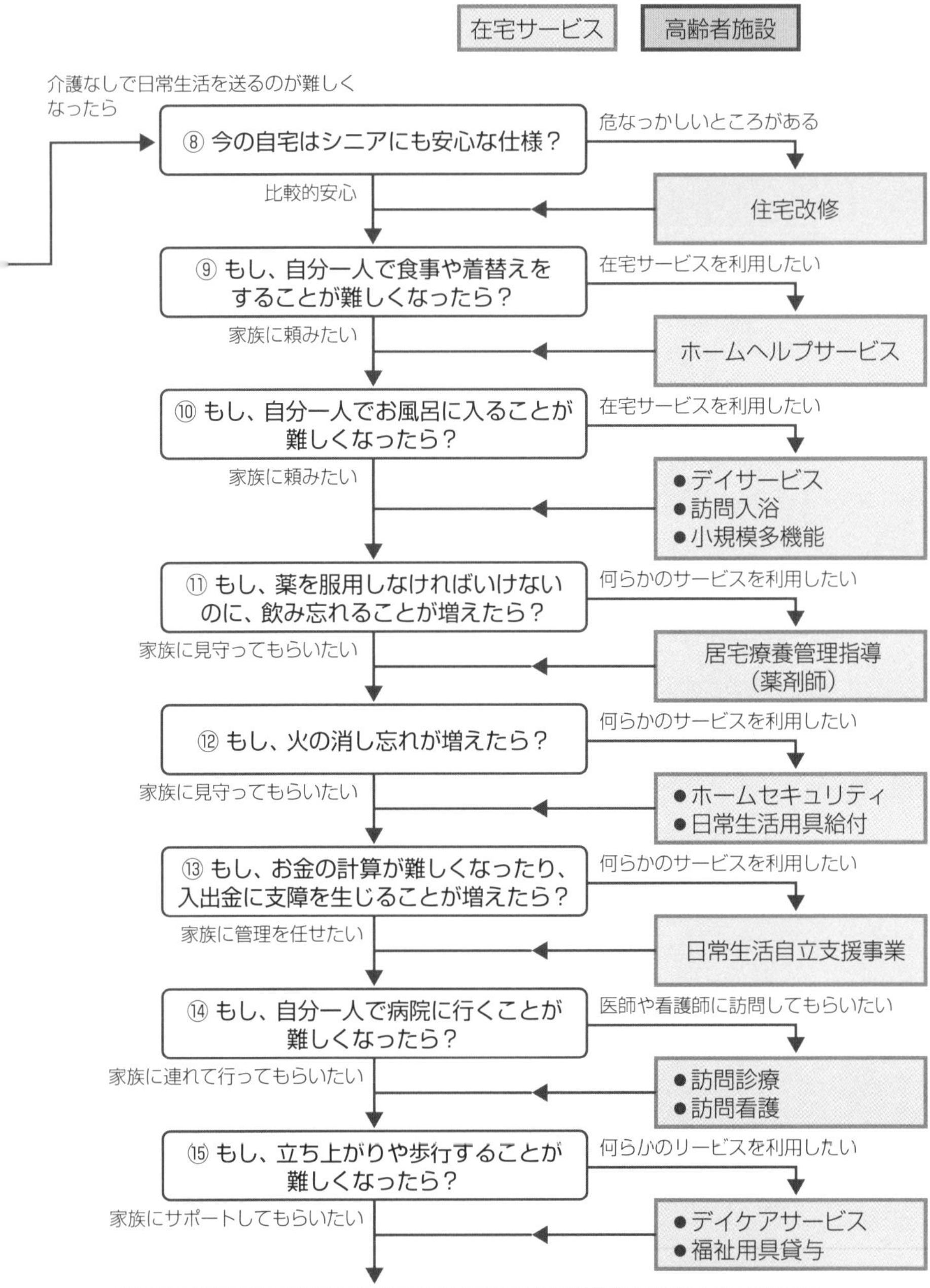
在宅サービス
高齢者施設
介護なしで日常生活を送るのが難しくなったら
⑧ 今の自宅はシニアにも安心な仕様？
危なっかしいところがある
住宅改修
比較的安心
⑨ もし、自分一人で食事や着替えをすることが難しくなったら？
在宅サービスを利用したい
ホームヘルプサービス
家族に頼みたい
⑩ もし、自分一人でお風呂に入ることが難しくなったら？
在宅サービスを利用したい
●デイサービス
●訪問入浴
●小規模多機能
家族に頼みたい
⑪ もし、薬を服用しなければいけないのに、飲み忘れることが増えたら？
何らかのサービスを利用したい
居宅療養管理指導（薬剤師）
家族に見守ってもらいたい
⑫ もし、火の消し忘れが増えたら？
何らかのサービスを利用したい
●ホームセキュリティ
●日常生活用具給付
家族に見守ってもらいたい
⑬ もし、お金の計算が難しくなったり、入出金に支障を生じることが増えたら？
何らかのサービスを利用したい
日常生活自立支援事業
家族に管理を任せたい
⑭ もし、自分一人で病院に行くことが難しくなったら？
医師や看護師に訪問してもらいたい
●訪問診療
●訪問看護
家族に連れて行ってもらいたい
⑮ もし、立ち上がりや歩行することが難しくなったら？
何らかのサービスを利用したい
●デイケアサービス
●福祉用具貸与
家族にサポートしてもらいたい

「家族に頼みたい」が複数の人は要注意！　「在宅サービス」をとことん利用するか、「施設への入居」を検討しましょう。

高齢者施設・在宅サービス選定フローチャート

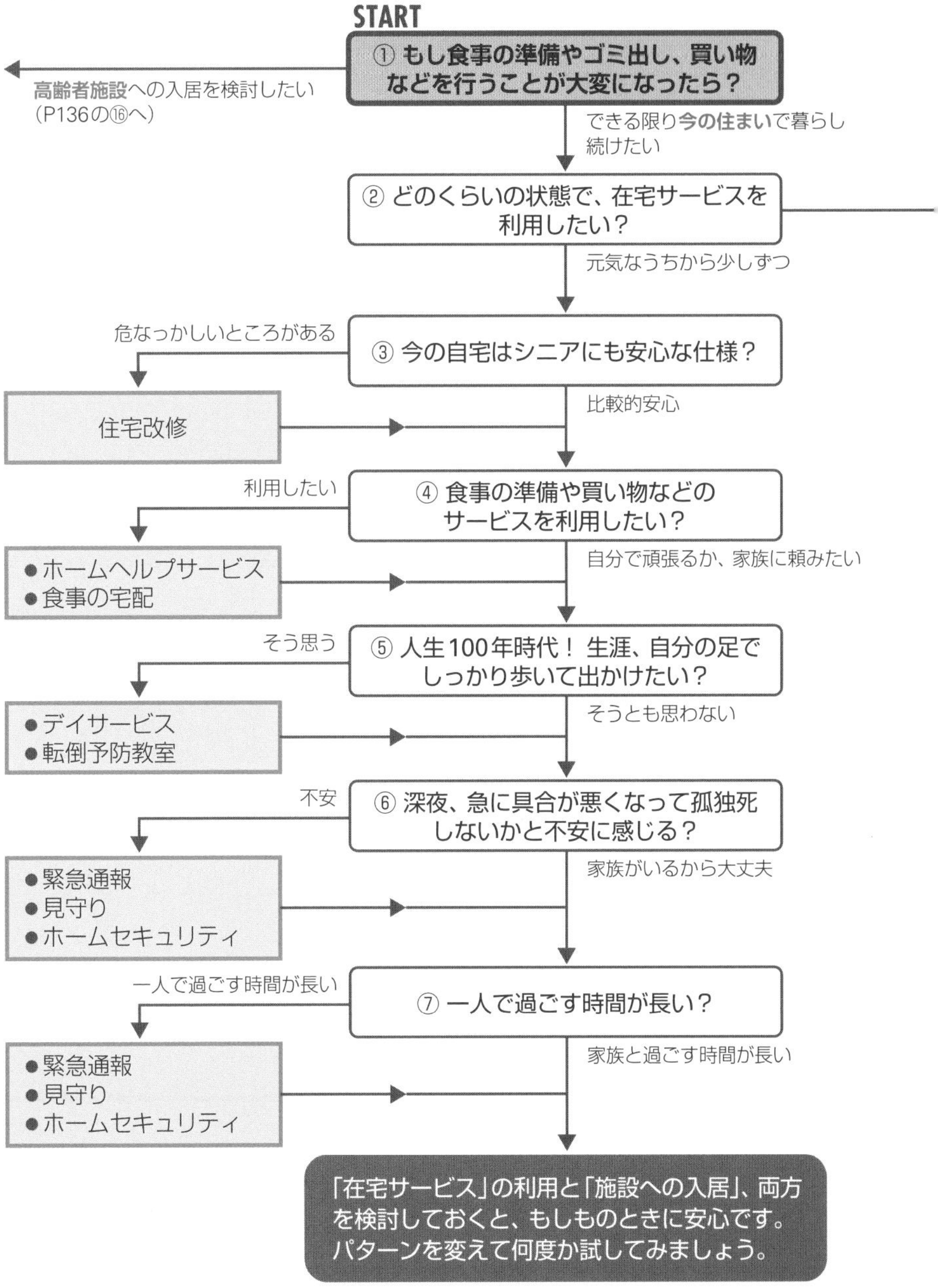
START
① もし食事の準備やゴミ出し、買い物などを行うことが大変になったら？
高齢者施設への入居を検討したい（P136の⑯へ）
できる限り今の住まいで暮らし続けたい
② どのくらいの状態で、在宅サービスを利用したい？
元気なうちから少しずつ
③ 今の自宅はシニアにも安心な仕様？
危なっかしいところがある
住宅改修
比較的安心
④ 食事の準備や買い物などのサービスを利用したい？
利用したい
●ホームヘルプサービス
●食事の宅配
自分で頑張るか、家族に頼みたい
⑤ 人生100年時代！ 生涯、自分の足でしっかり歩いて出かけたい？
そう思う
●デイサービス
●転倒予防教室
そうとも思わない
⑥ 深夜、急に具合が悪くなって孤独死しないかと不安に感じる？
不安
●緊急通報
●見守り
●ホームセキュリティ
家族がいるから大丈夫
⑦ 一人で過ごす時間が長い？
一人で過ごす時間が長い
●緊急通報
●見守り
●ホームセキュリティ
家族と過ごす時間が長い
「在宅サービス」の利用と「施設への入居」、両方を検討しておくと、もしものときに安心です。パターンを変えて何度か試してみましょう。

出典：フローチャート（太田差惠子、NTTファイナンス株式会社）より改編

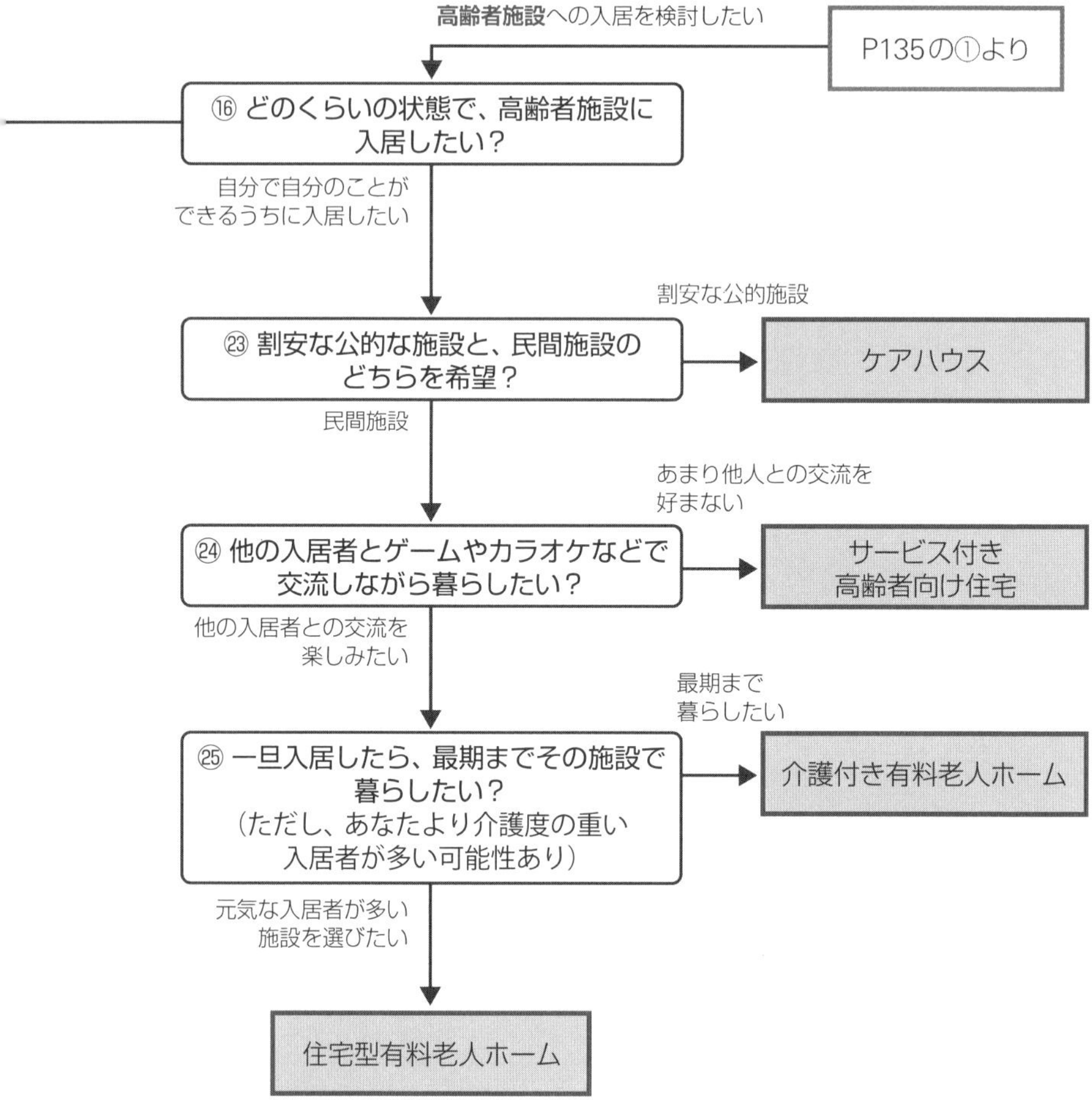
高齢者施設への入居を検討したい
P135の①より
⑯ どのくらいの状態で、高齢者施設に入居したい？
自分で自分のことができるうちに入居したい
割安な公的施設
㉓ 割安な公的な施設と、民間施設のどちらを希望？
ケアハウス
民間施設
あまり他人との交流を好まない
㉔ 他の入居者とゲームやカラオケなどで交流しながら暮らしたい？
サービス付き高齢者向け住宅
他の入居者との交流を楽しみたい
最期まで暮らしたい
㉕ 一旦入居したら、最期までその施設で暮らしたい？
（ただし、あなたより介護度の重い入居者が多い可能性あり）
介護付き有料老人ホーム
元気な入居者が多い施設を選びたい
住宅型有料老人ホーム

※いずれの施設も、介護の必要な度合いが重くなったり、継続的な医療が必要になったときには、住み続けることが難しくなる場合があります。

※同じ種類の施設でも、行っている支援や介護内容は異なります。本チャートはあくまで目安とお考えください。

※サービスや施設の内容はP194-196を参照してください。

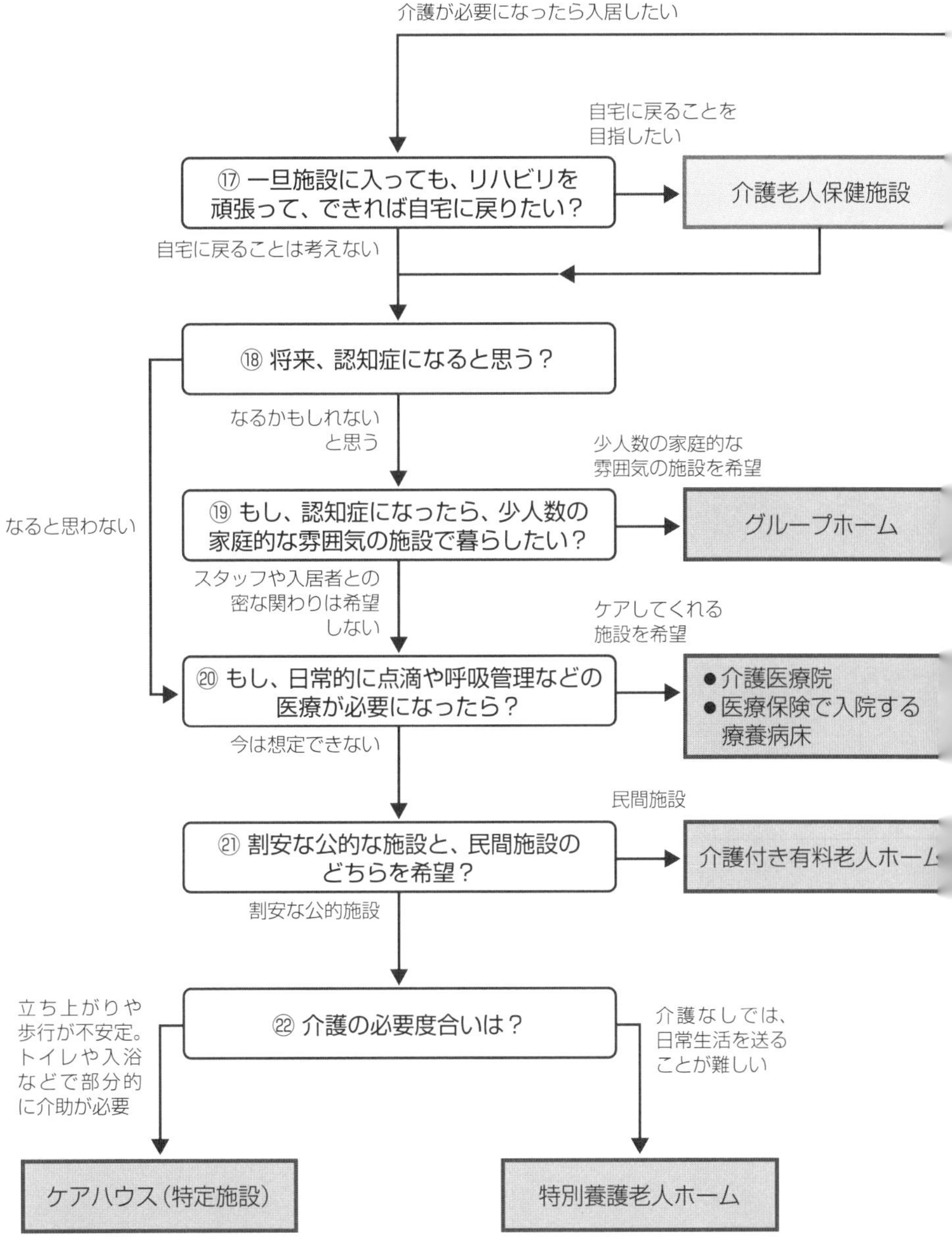
介護が必要になったら入居したい
自宅に戻ることを
目指したい
⑰ 一旦施設に入っても、リハビリを
頑張って、できれば自宅に戻りたい？
介護老人保健施設
自宅に戻ることは考えない
⑱ 将来、認知症になると思う？
なるかもしれない
と思う
なると思わない
少人数の家庭的な
雰囲気の施設を希望
⑲ もし、認知症になったら、少人数の
家庭的な雰囲気の施設で暮らしたい？
グループホーム
スタッフや入居者との
密な関わりは希望
しない
ケアしてくれる
施設を希望
⑳ もし、日常的に点滴や呼吸管理などの
医療が必要になったら？
●介護医療院
●医療保険で入院する
療養病床
今は想定できない
民間施設
㉑ 割安な公的な施設と、民間施設の
どちらを希望？
介護付き有料老人ホーム
割安な公的施設
㉒ 介護の必要度合いは？
立ち上がりや
歩行が不安定。
トイレや入浴
などで部分的
に介助が必要
介護なしでは、
日常生活を送る
ことが難しい
ケアハウス（特定施設）
特別養護老人ホーム

出典：フローチャート（太田差惠子、NTTファイナンス株式会社）より改編

住処のロードマップ

1 心身の不調が増えても住み慣れた家で暮らしたい

事例▶ Aさん(70代・女性)

我が家は最寄り駅から徒歩30分の戸建てです。リビングが2階なので、足の不自由な夫が2階に上がるのは日に1回だけ。一旦降りたら、ずっと1階の寝室で過ごします。

今の状況を心配して、長女が週に2回来ては、夫の世話や家事を手伝ってくれます。最近は、駅近くのバリアフリーマンションか高齢者向けの施設に移ることを強くすすめてきます。

ただ、私たち夫婦は、不自由でも住み慣れた家が一番という考え。長女からは「動ける今のうちに、なんとかしたほうがいい」と急かされるのですが……。

選択肢はリフォームか転居

Aさんに限らず、「住み慣れた家が一番」と考える人は多いと思います。移るなら、「どこに移るか」「今の家をどうするか」と検討しなければならず、お金も絡むため、「とりあえず先送り」したくもなるでしょう。

しかし、**リフォームや転居の検討は年齢を重ねるほど億劫に。**ある程度元気なうちに、最期のときまでの住処のロードマップを描いておきたいものです。

今の住まいでの暮らしが間取りや構造的に難しくなった場合、大きく分けると選択肢は2つ。

①リフォーム(住宅改修)

②転居(施設入居含む)

リフォームならどの程度の規模か。Aさん宅の場合、フロアの移動が難しいなら階段昇降機かエレベーター

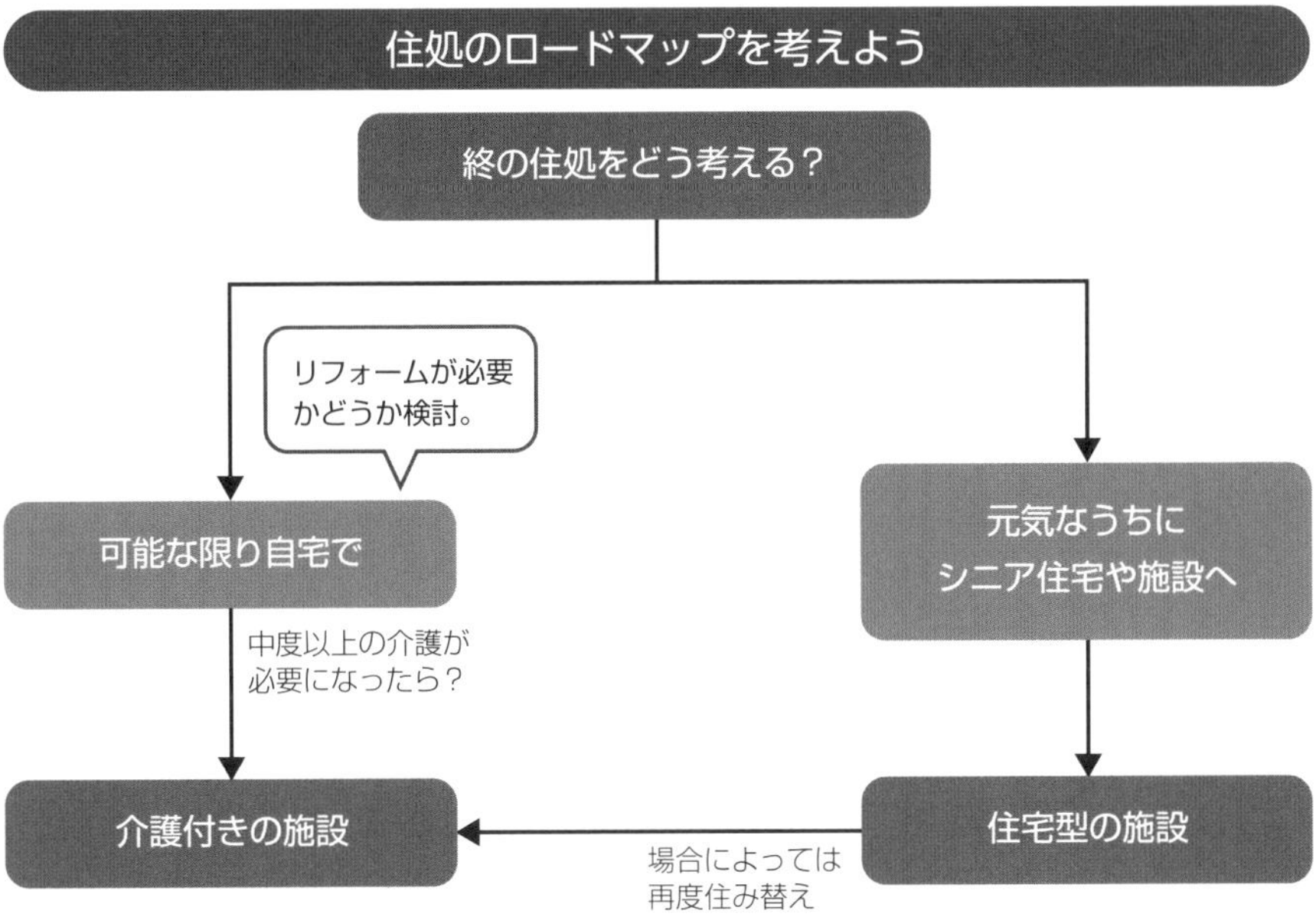
住処のロードマップを考えよう
終の住処をどう考える？
リフォームが必要かどうか検討。
可能な限り自宅で
元気なうちにシニア住宅や施設へ
中度以上の介護が必要になったら？
介護付きの施設
住宅型の施設
場合によっては再度住み替え

を設置？　1階と2階を逆転する？

転居するなら、行先は？　転居先としては、Aさんの長女が提案するようにバリアフリーのマンション、高齢者施設などが考えられます。ただ、高齢者施設といっても、前ページのチャートのようにたくさんの種類があります。一方、子どもとの同居や近居を望む人もいるでしょう。

動かないとさらに心身機能は低下

ベッドで過ごす時間が増えると、さらに心身機能は低下してしまいます。P88のフレイルも心配です。

Aさんの長女はできるだけ自立した生活をしてほしくて、週に2回来てくれていますが、このままでは3回、4回……と増やしてもらう必要が生じます。

また、コロナ禍のような状況になると、子に来てもらうのが難しくなることも。ロードマップを描いても、その通りになるとは限りませんが、子に考えを示した上で話し合いたいものです。

2 老後の田舎移住、海外移住はアリ？

事例▶ Bさん（70代・女性）

夫婦そろって定年退職を迎え、かねてから夢見ていた田舎暮らしを実現しました。ところが移住して半年後、夫が健康を害したのです。まず戸惑ったのが、田舎ではかかる病院の選択肢が少ないこと。セカンドオピニオンをもらいたくても難しい状況です。

子どもからも「電車を降りてからのバス便が1時間に1本しかないから、タクシー代がものすごくかかる」と文句を言われる始末。夫の体調によっては、元の住まいに戻ることも考えています。今となっては、自宅を売却せずにそのままにしていることが心の拠り所です。

憧れの土地？　物価の安い土地？

リタイア後は通勤の必要がなくなるので、「住まう場」を選べる立場となります。「空気の澄んだ田舎暮らし、いやいやいっそ海外で暮らしたい」と夢見る人もいるでしょう。

一方、「経済面」重視で移住を検討する人も。国内で物価水準が高いのは東京都、神奈川県、埼玉県、京都府……。「物価の安い土地で悠々自適に暮らしたい」と、宮崎県、鹿児島県、群馬県、福岡県……を検討する人も多いようです（「小売物価統計調査」２０１８年）。

コロナ以前の時代には、海外でも「物価」の安い東南アジア諸国への移住を希望する傾向がありました。国内にしろ海外にしろ、新たな人間関係を構築しなければいけないので、じっくり検討を。

海外に移住するとしたらどこの国がいいか？

※恋人・パートナーと移住する場合。

	10代〜20代	30代	40代	50代	60代
1位	アメリカ 27.7%	アメリカ 24.7%	アメリカ 22.4%	アメリカ 25.4%	マレーシア 14.4%
2位	オーストラリア 11.9%	オーストラリア 11.8%	オーストラリア 12.7%	マレーシア 10.5%	タイ 10.9%
3位	カナダ 6.2%	カナダ 6.6%	マレーシア 8.2%	オーストラリア 7.6%	オーストラリア 10.4%
4位	イギリス 5.6%	ニュージーランド 5.3%	タイ 6.0%	ニュージーランド 7.0%	アメリカ 8.9%
5位	イタリア 4.5%	タイ 4.2%	シンガポール 4.5%	タイ 6.7%	ニュージーランド 5.9%

出典：旅行サイト「エアトリ」調べ、2016年

医療・介護抜きには考えられない

「移住」を考える際は、その期間（いつからいつまで）を明確にしておく必要があります。終の住処と考えるのか、「1年〜数年」と限定的な希望なのか。夫婦で移住するなら希望をそろえておかないと、後々問題が勃発します。また、いざというときに子に駆けつけてもらうことになるなら、彼らの交通の利便性も考えておきましょう。

すでに述べたように、シニア世代になると医療や介護への備えも大切です。これまで都会で暮らしていた人にとっては、田舎に住まうと医療や介護の選択肢が少なく感じられるでしょう。「認知症を疑うけれど、通える範囲に専門医がいない」なんてことも。

また、地方では過疎化を防ぐ目的で住まいの優遇などを行っていますが、その対象の多くは現役世代です。どちらかといえば、シニア世代は税金を支払う側でなく利用する側。**それほどウェルカムな存在ではない場合が多い**ことも承知しておきましょう。

3 事故も心配だけど、免許の返納はまだ…

事例▶ 報道より

２０１９年４月、東京・豊島区の池袋で89歳の男性が運転する車が暴走。歩行者などが次々とはねられ、自転車に乗っていた女性（31）と長女（３）が死亡。男性の同乗者である妻を含む９人が重軽傷を負いました。

車を運転していた男性は、過失運転致死傷の罪で在宅起訴。男性の経歴や自身の過失を否定する発言などから世間の関心・反感を呼び、「上級国民」という言葉も拡がりました。

高齢運転の事故は多い

東京・池袋での事故は記憶に新しく、ニュースを見て心を痛めた人も多いと思います。最愛の妻子を亡くされたご遺族の悲痛な表情、交通事故防止への切なる思いは度々報道されています。

75歳以上人口の約３人に１人が運転免許証を保持しています。そして、75歳以上の運転者の死亡事故件数は、75歳未満の運転者と比較して、免許人口10万人当たりの件数が2倍以上多く発生しています。

年齢を重ねるに従い、視力や反射神経などが衰えます。事故を起こすリスクが老化とともに増加することには、根拠があるのです。

子どもから運転免許証の返納をすすめられることがあると思います。子の中には「親が死ぬのは仕方ない。

75歳以上の運転者が死亡事故を起こしやすい理由

- 視力などが弱まることで周囲の状況に関する情報を得にくくなり、判断に適切さを欠くようになる
- 反射神経が鈍くなることなどにより、とっさの対応が遅れる
- 体力の全体的な衰えなどから運転操作が不的確になったり、長時間に渡る運転継続が難しくなったりする
- 運転が自分本位になり、交通環境を客観的に把握することが難しくなる

出典：内閣府「平成29年版交通安全白書」

でも、人様を殺してしまったら……」と心配する人もいます。返納をすすめられると、「余計なお世話」と思うかもしれません。しかし、事故を起こすと、**被害者はもちろん、自身の晩節、そして子の人生にも多大な影響を及ぼします。**

車なしで生活できないなら移住も選択肢

子どもの多くが、危険を承知しながらも、免許の返納を強くすすめられない理由を、「親の移動手段を奪うことになるから」と言います。

確かに、車がなければ通院、買い物などへの支障が生じることがあります。地域にコミュニティバスなどが走っていても、限定された地域です。

けれども、死ぬ直前まで運転することはできません。**「老い」が自分の運転に影響し始めたら、ためらわず宅配、家事サービス、タクシーの利用などを検討**するべきです。それでも生活に支障が出るなら、**交通の便がよい地域、高齢者住宅への転居も選択肢**となります。

4 一人になったら子と同居したい！

事例▶Cさん（70代・女性）

夫が亡くなった後、一人暮らしが心細くなって、息子に「家に戻ってきてほしい」と頼みました。でも「仕事があるから無理だ」と断わられ、結局、私が息子たちの家に移ることになりました。

息子もお嫁さんも優しいのですが、共働きです。朝早くに仕事に出かけて、帰ってくるのは夜8時を過ぎてから。テレワークの日もありますが、それぞれ部屋にこもりきりです。私は散歩に出ても、知らない街並みで、立ち話ができる友人もいません。息子たちのすぐそばにいるのに、なんだか寂しくて、元の暮らしが恋しく思えてなりません。

価値観、生活リズムの違いを埋められるか

左上の通り、年齢が高くなるほど、「息子」との同居を望む人は増えます。一方で、70歳以上でも3人に1人は「子どもたちとは別に暮らす」ことを希望しています。

すぐそばにいるのにコミュニケーションをうまく取れないと、余計に孤独感が増すという声をよく聞きます。子が冷たいということではなく、多忙なためです。

それに、子どもとはいえ、**数十年も別に暮らしていれば価値観や生活リズムは違って当たり前**。子が結婚している場合は、その配偶者とは気を遣い合うことになるでしょう。同居とともに、関係がギクシャクしたり、いわゆる「嫁姑問題」が起こったりする事例も聞きます。極端な例かもしれませんが、同居での気遣い

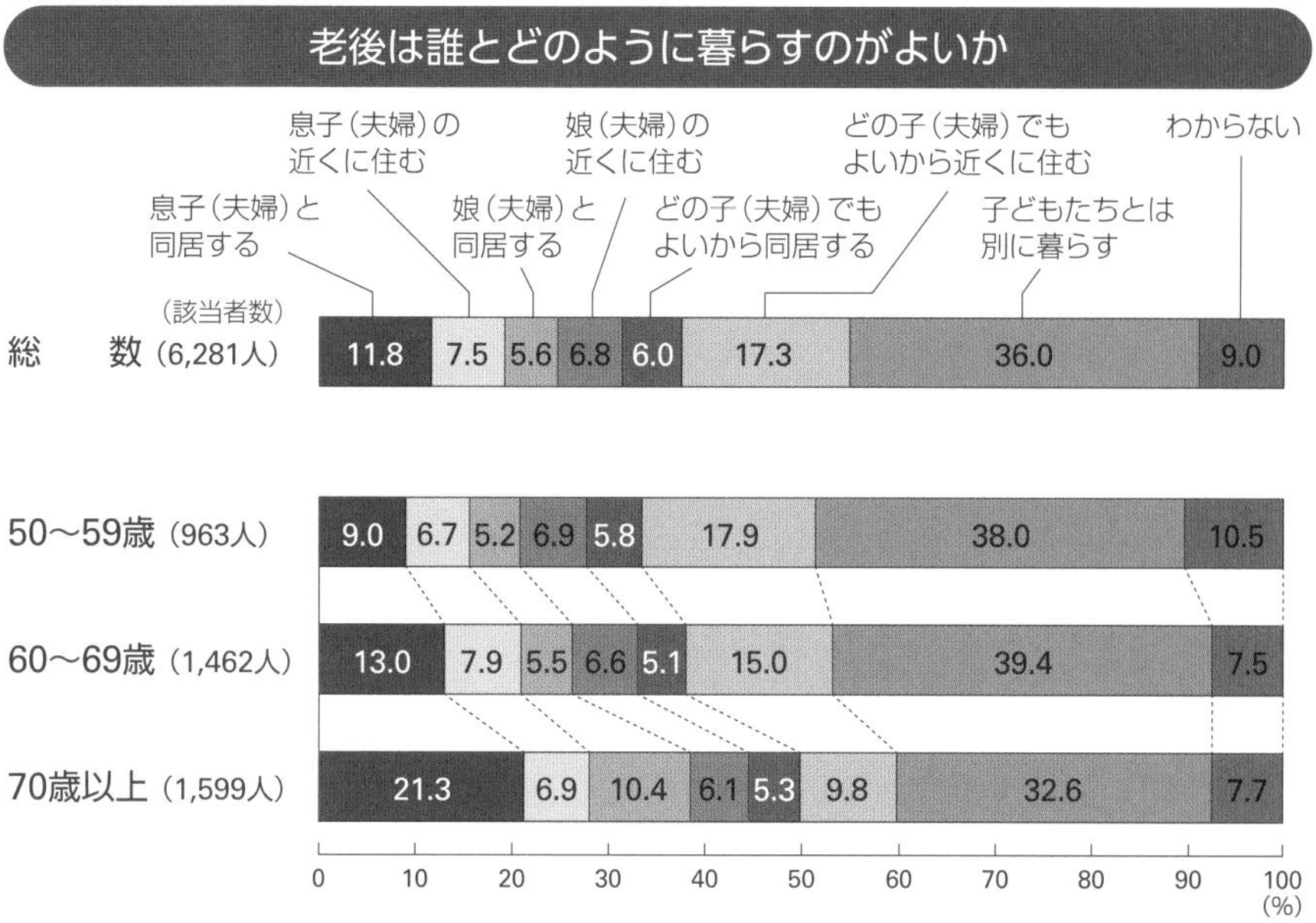

出典：内閣府「国民生活に関する世論調査」2016年

やストレスから、子ども夫婦の関係がおかしくなり、離婚したケースもありました。自分のことが原因で子ども夫婦が別れたら、たまったものではありません。

中には、「同居して孫をみてあげたい」という人もいますが、小学校の低学年くらいまでならともかく、年齢が高くなると、祖父母と孫はたまに会うからいい関係でいられる面もあるのではないでしょうか。

逆に、子どもから同居の打診を受けることがあるかもしれません。子が家を購入するときやリフォーム時に、二世帯住宅にすることを検討して声をかけてくる場合もあります。共働きをサポートしてほしいタイミングで声をかけてくることもあるでしょう。

同居後の解消はシコリを残す

同居するのであれば、完全二世帯住宅を検討するなど、**距離の取り方には十分な注意が必要**だと思います。しかし、顔を合わせなくても生活できると、「二世帯住宅なのに、何か月も息子夫婦に会っていない」という声を聞いたこともあります。寂しそうでした。

二世帯同居のメリット・デメリット

【親世帯から見た、二世帯同居にして良かったこと】

1	子どもや孫と一緒に過ごすことができる	62.1%
2	体調が悪いときに面倒を見てもらえる	35.0%
3	家事を手伝ってもらえる	23.3%
4	食事を作ってもらえる	17.5%
5	節税対策になる	14.6%

【子世帯から見た、二世帯同居にして良かったこと】

1	子ども（孫）の面倒を見てもらえる	46.9%
2	体調が悪いときに面倒を見てもらえる	33.0%
3	家事を手伝ってもらえる	32.0%
4	食事を作ってもらえる	24.5%
5	お金が溜まりやすい	21.7%

【親世帯から見た、二世帯同居にしなければ良かったこと】

1	お金がかかる	18.4%
2	プライバシーが確保されない	14.6%
3	生活時間が異なる	13.6%
4	自分の時間が持てない	12.6%
5	子世帯に気を遣う	11.7%

【子世帯から見た、二世帯同居にしなければ良かったこと】

1	親世帯に気を遣う	34.6%
2	プライバシーが確保されない	22.4%
3	友人を自宅に呼びにくい	20.1%
4	家族に干渉してくる	18.8%
5	子育てに干渉してくる	18.1%

出典：不動産・住宅情報サイト「LIFULL HOME'S」調べ、2017年

本書は、子との同居を否定するわけではありませんし、脅すわけでもありません。しかし、**覚悟と事前の意思疎通は不可欠**だと思います。子の申し出を受け入れて後悔したという人もいます。「心配だから」と言われて長男一家が越してきて同居。気楽な一人暮らしと違って息が詰まり「出て行ってもらった」と言います。一旦同居してから解消すると、互いの気持ちに大きなシコリを残すことになります。

Column

「避難行動要支援者名簿」に登録を

近年、各地で大規模な地震や集中豪雨、台風などの風水害が多数発生しています。テレビや新聞の報道で悲惨な被害状況を目の当たりにしたとき、「一人暮らしや夫婦だけの暮らしは心配……」という気持ちになることがあるのではないでしょうか。「子との同居」「高齢者施設への入居」が頭にちらつくかもしれません。

自分の命は自分で守る――。今後の暮らし方をしっかり考えたいものです。

当面は自宅でと考えるなら、「避難行動要支援者名簿」に登録しておきましょう。住んでいる自治体によって登録できる条件には違いがありますが、一人暮らしやシニア世帯で、何かのときに自分たちだけで避難することが難しい場合は登録できると思います。

名簿は消防署や警察署、地域の民生委員などの関係部署に配付され、災害時に避難や安否確認などの支援を行うために活用されます。

もちろん、登録したからといって優先的に救出されるものではありませんが、安心感につながるでしょう。

子どもとも、いざというときの安否確認の方法や集合場所などを、事前に話し合っておきたいものです。「災害用伝言ダイヤル」についても、再確認を！　局番なしの「171」に電話をかけると伝言を録音でき、自分の電話番号を知っている家族などが、その伝言を再生できます。

5 子が強硬に施設入居をすすめてくる

事例▶ Dさん（70代・男性）

脳梗塞で倒れて入院し、リハビリ病院を経て、5mくらいなら壁伝いに自力で歩けるところまで回復しました。自宅に戻れると楽しみにしていた矢先、見舞いに来た長男に「退院しても一人暮らしは無理だから、当面、施設に入ろう」と言われました。

私が「一人で大丈夫、家に帰る」と言っても長男の態度は強硬で、すでに体験入居が段取りされていました。翌日には施設職員が面談に訪れ、あれよ、あれよと……。

言われるままに自宅も売却して入居したものの、どうにも馴染めなくて、結局退去しました。自宅は売却済なので、その近所の賃貸に移り住んでいます。

施設入居の決定権は自分？ 子ども？

施設に入居するかどうかを決めるのは自分自身のはず。それなのに、腹立たしいほどに子どもが強硬にすすめてくることがあります。実際、図表の通り、**入居検討の8割以上が「家族主導」**という報告もあります。

子から強くすすめられると、「否定して、子からそっぽを向かれたらどうしよう」と不安になり、「いたしかたなく」子の意見に従う気持ちになることもあるようです。

自宅の売却は慎重に

Dさんのように病気になり心身の機能低下が著しいと、決定権は子に移行しがちです。

元気なうちから、「もし介護が必要になったら、どこ

施設への入居を主導したのは？

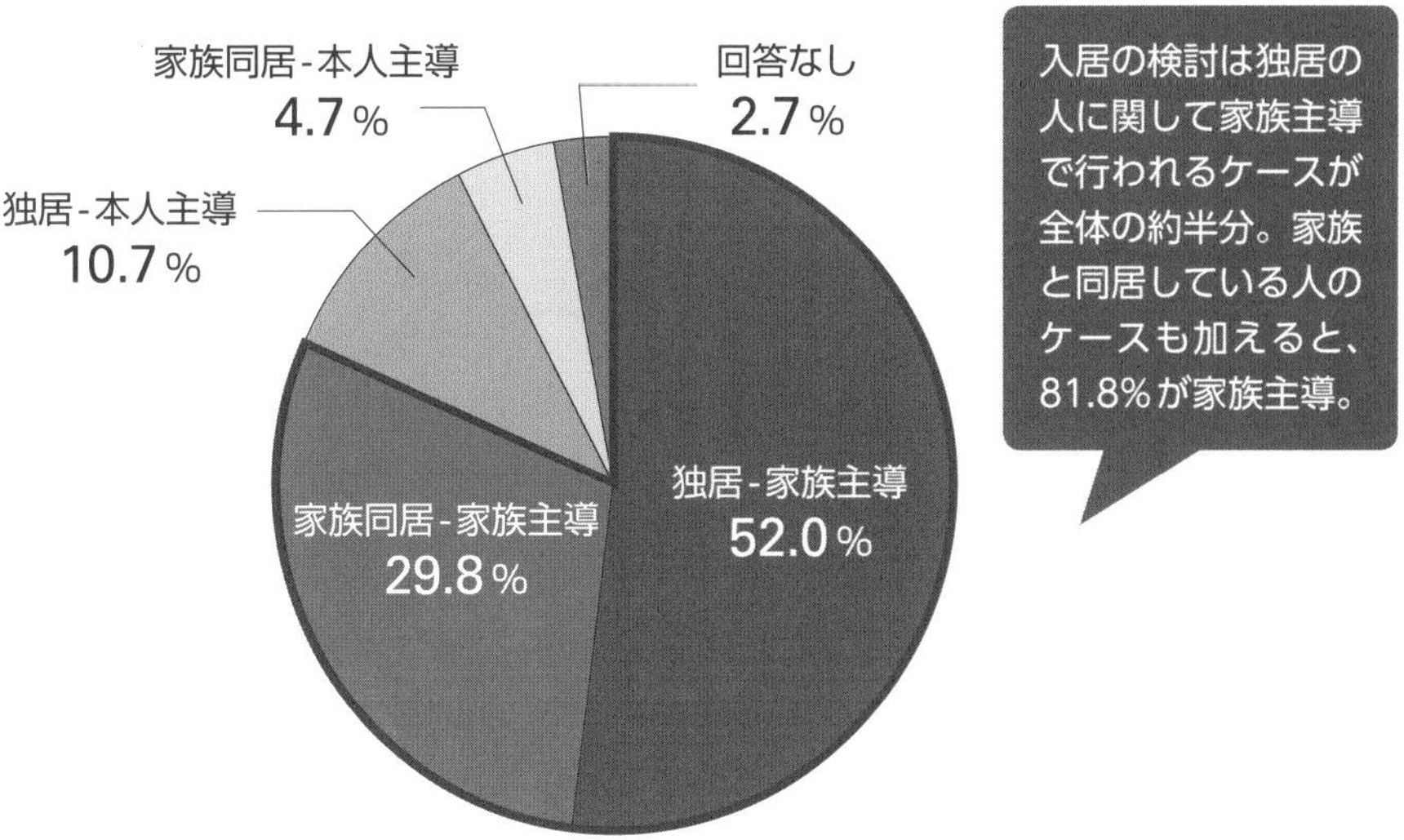

出典：ベネッセ シニア・介護研究所「介護に関する意識調査 報告書（詳細版）」2016年

でどのように暮らしたいか」を考えて、子に伝えておきたいものです。Ｐ１３９のロードマップが重要になります。

事前に希望を知っていたら、子は可能な範囲でそちらに舵取りしてくれるでしょう。知らないと、子の価値観で事が進んでいきます。大切なのは、**子が考える前に、自分の考えを伝えておく**こと。

それでも子が心配して施設の話を推し進めてくる場合は、終の住処としてではなく、**介護老人保健施設などへの「一時的」な入居**を考えたいものです（Ｐ32）。

納得していない段階で、家を売却することはおすすめできません。Ｄさんのように戻るところがなくなってしまいますから。子どもや介護の専門職ともよく話し合い、慎重に判断を。施設に入居しなくても、居宅サービスを利用しながら暮らすこともできるかもしれません（Ｐ１３４、在宅サービスのチャート）。

6 施設に入居一時金を払ったので退去しづらい

事例▶ Eさん（70代・男性）

妻を亡くしてからは、一人暮らしです。肺炎で入院したときに、心配した娘から「これ以上、一人で暮らすのは難しいよ」と言われ、自宅の近くにある有料老人ホームに入ることにしました。入居一時金は1000万円でした。

ところが、入ってみると入居者は女性が多く、半数以上が車いすを利用しています。私のようにスタスタ歩く人はおらず、まったく馴染めません。4か月ほどたつ頃には我慢も限界に。娘に「退去したい」と言いましたが、「今さら、無理よ」と突き放されてしまいました。

「クーリングオフ」は90日以内

多くの有料老人ホームでは、「入居一時金」を払います。正式には「前払い金」と呼び、**生涯、その施設に居住することを前提に、想定居住期間の家賃とサービス対価を前払い**するものです。

入居にあたって一時金を支払う場合は、注意が必要です。施設ごとに初期償却率、償却期間が定められています。

例えば、Eさんの入居した有料老人ホームの初期償却率が30%だとしましょう。**契約から90日まではクーリングオフ**（**無条件で申し込みの撤回または契約の解除可**）**の対象**となりますが、その期間を過ぎての退去（死亡を含む）となると、1000万円の初期償却分の300万円は戻ってきません。長女が「今さら、無理」

有料老人ホームの前払い金はクーリングオフの対象

有料老人ホームでは、契約から90日以内(施設によっては入金後や入居日からで起算)に契約を解除した場合には、入居一時金が返還される。

入居期間が**3か月以内**の場合	日割り家賃分を差し引いた全額が返還
入居期間が**3か月を1日でも超えた**場合	原則、前払い金の初期償却分は返還されない
入居期間が**想定居住期間以上**の場合	まったく返金されない

と言う気持ちも理解できます。**退去するなら、クーリングオフができる3か月以内に決断**を。

「入居一時金」の支払いがない施設もある

入居一時金はすべての施設に設定されているわけではありません。介護保険で入る公的な施設、サービス付き高齢者向け住宅にはありません。有料老人ホームでも、月払いを選べる施設もあります。また、入居一時金の設定があっても、初期償却を行わない施設もあるので、事前に確認することが大切です。

身体が弱ってから検討し始めると、こうしたことを調べるゆとりがない可能性が高いです。P148でも説明した通り、決定権は自分ではなく子どもに移りがちです。

元気なうちに、見学をして少しずつ情報を集めておくことをおすすめします。一歩を踏み出すのが大変なら、まずは広告で見かける「見学会」などに参加してもいいでしょう。

7 施設の場所は我が家の近く？ 子の家の近く？

事例▶Fさん（80代・女性）

身の回りのことをするのが難しくなってきて、施設入居を決めました。息子と娘はどちらも首都圏在住で、「近いところじゃないと困る」という二人からのすすめで関東の施設にしました。

ただ、私は80年以上、生まれも育ちもずっと関西。それなのに、ここはスタッフも入居者も関東弁だから、どうにも落ち着きません。子どもたちも、近くなった割には頻繁に来てくれない。こんなことなら、あのまま地元にいればよかった。

近くなら馴染みの方言や味付け

施設を選ぶ場合、自分の家の近くか子の家の近くかと、迷うことがあります。子から「こっちに来て」と言ってもらえるのは嬉しいですが、**馴染みやすいのは自分の自宅近所**でしょう。見慣れた山々に囲まれていたり、海のにおいがしたり……。

状態が安定していたら、一時帰宅も可能かもしれません。地域の友人が訪ねてきてくれることもあるでしょう。入居者やスタッフにも同じ方言の人が多く、食事も食べ慣れた味付け。

それに介護保険を使って入居する認知症の人向けの「グループホーム」などは、「住民票があること」が申し込み条件となります。「特別養護老人ホーム」は全国どこでも申し込めますが、**住民票のある人を優先する傾**

施設の場所はどこがいい？

子と同居・近居	➡	その近辺で探すことが一般的
子と遠居	➡	メリット・デメリットをよく考えて！

自分の自宅近くの施設なら…

- ○ 馴染みやすい（方言、味付け、風景など）
- ○ 介護保険で入る施設は優先順位が高い
- × 子が通ってくるのに負担（特に入退院時）

子の自宅近くの施設なら…

- × 自分自身の環境が激変
- ○ 子が通ってきやすい
- △ 子が複数いる場合、誰の近くの施設を選ぶか？

向があります（子どもと遠居だと入居が優先されやすい）。こうした事情から、最終的に自分の家の近くを「第一候補」とする人のほうが多いように思います。

しかし、子どもに面会に来てもらうには、仕事を休んでもらったり、交通費を負担してもらうことになります。入居後も通院や入院するたびに子どもに来てもらう必要があれば、子の負担となるでしょう。

子が押し付け合うことも

Fさんのところは、長男長女ともに首都圏在住ですが、彼らの居住地が離れている場合、さらに事態が複雑化することがあります。

例えば、自分が愛知県在住で、長男は東京都、長女は九州で暮らしているとしましょう。「東京に」「九州に」と奪い合ってくれるならともかく、押し付け合うケースも……。通常、距離が今以上に遠くなる子とは、会う頻度が減少します。

8 自分は元気だから、配偶者だけ施設に入ってほしい

事例▶Gさん（70代・男性）

現在、妻と二人暮らしです。私は元気なのですが、妻は認知症で私が介護しています。最近、疲れてしまって……。

元気とはいえ、私ももうすぐ80になります。遠方に暮らす息子二人は、「忙しい」と言って滅多に顔を出しません。

妻を施設に入居させることを考え始めて、何軒か見学しました。検討を重ねて施設を選び、後は契約という段階で息子たちに連絡すると、「お袋だけ施設に入れるなんて、かわいそうだ」「親父は冷たい」と責め立てられてしまいました。

夫婦二人部屋を選ぶのは慎重に

夫婦二人暮らしで、どちらかの具合が悪くなった場合、施設に入居するのは一人だけ？　二人一緒に？と、悩むことがあります。

迷うのは、**介護保険で入る施設は、原則一人で入居**します。二人部屋もある有料老人ホームです。結論からいえば、介護の必要な度合いが異なる場合、そろって二人部屋に入ることはあまりおすすめしません。

環境の変化で、特に認知症があると不安感から頼られて、ずっとそばを離れない場合も。**せっかく施設に入ったのに、配偶者の介護を行い続ける**ことにもなりかねません。共倒れを防ぐのが目的なら、元気な方は入居しないことも検討しましょう。介護の負担から解放され、笑顔で面会に行くことができると思います。

高齢者施設の居室の例

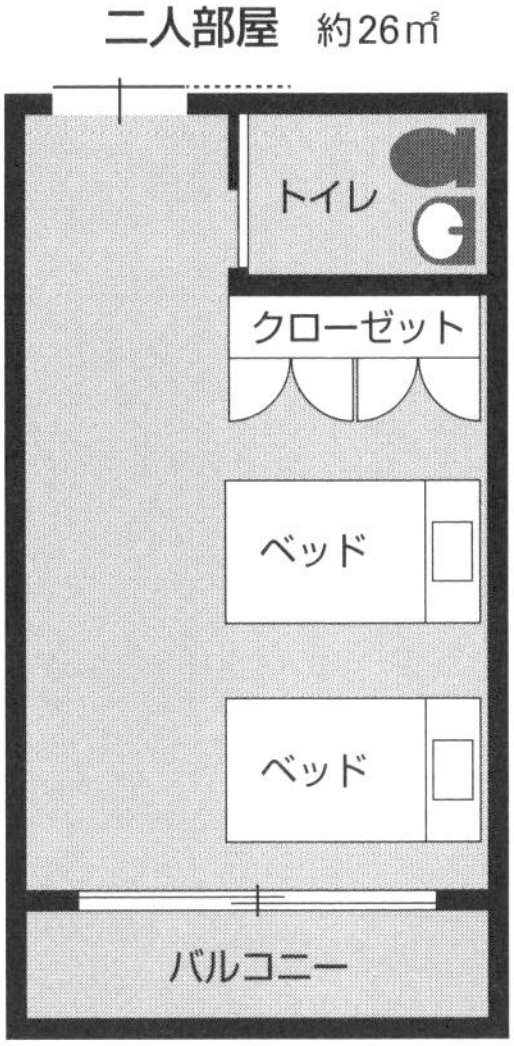

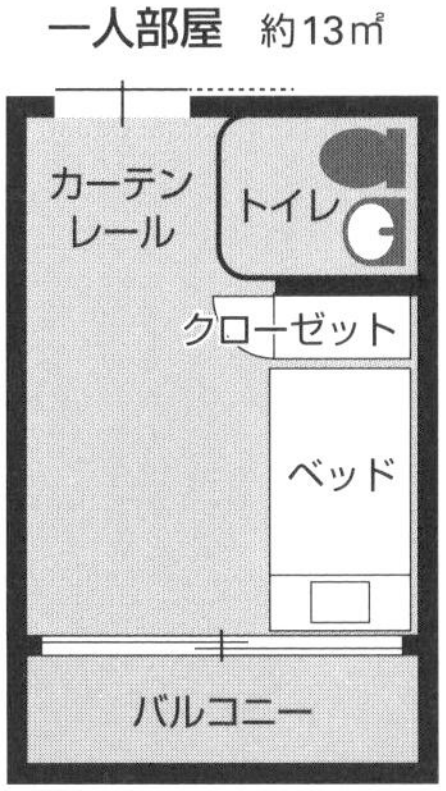

二人部屋といっても、ホテルのツインルームのようなところが一般的。自宅よりは狭くなるので要注意！

実際、夫婦で入居した失敗談を度々聞きます。価格帯の高い高級な有料老人ホームでも、ホテルのツインルームのような居室が一般的です。自宅と違って**限られた空間のため関係性が悪化**し、入居後に二人部屋から一人部屋×2室に変更してもらったという夫婦もいました。

子の理解を得るには「見学」前に相談

Gさんは息子たちに対し、妻の施設入居をほぼ決断してから話したようです。彼らにとっては寝耳に水で、理解されなかったのではないでしょうか。

「子に迷惑をかけたくないから」と介護の話を控える気持ちは分かりますが、**何も言わないと、子には状況がつかめません**。いざとなって「冷血人間」のように思われるのは悲しいことです。断念することにもつながりかねません。**早めに相談し、見学にも同行**してもらいましょう。

9 入居した高齢者施設が倒産してしまった!?

事例▶Hさん（70代・女性）

夫を亡くし、有料老人ホームに入ったのですが、入居2年後に、なんと経営悪化で運営会社が倒産。施設の運営は他の企業に引き継がれましたが、月額利用料は大幅にアップしたのです。この施設は長男が探してくれたのですが、倒産なんて、あの子の目は節穴でしょうか。

もはや施設を退去するか、値上がりした料金を払って住まい続けるかしかありません。とはいえ、住まい続けた場合は、あと8年で資産が底をつく計算です。8年以内にお迎えが来るとも限らないし、どうしたものかと悩んでいます。

入居条件は引き継がれない

介護関連事業者の経営は必ずしも安泰とはいえず、倒産することもあります（廃業するケースもあり、2019年に廃業したサービス付き高齢者向け住宅（P195）は53件で年々増加傾向です）。

倒産や廃業が決まると、多くの場合、他の事業者に譲渡されます。有料老人ホームの場合、**契約内容は引き継がれない**ため、利用料が高くなることがあります。また、引き継ぎ先が決まらなければ閉鎖となり、入居者は「退去」せざるをえません。

では、入居前に「倒産・廃業」を見極める方法はあるのでしょうか。Hさんは長男のことを怒っていますが、現実は簡単なことではありません。万全ではありませんが、**契約前に財務諸表などを見る**のも一案。

「老人福祉・介護事業」の倒産件数 年次推移

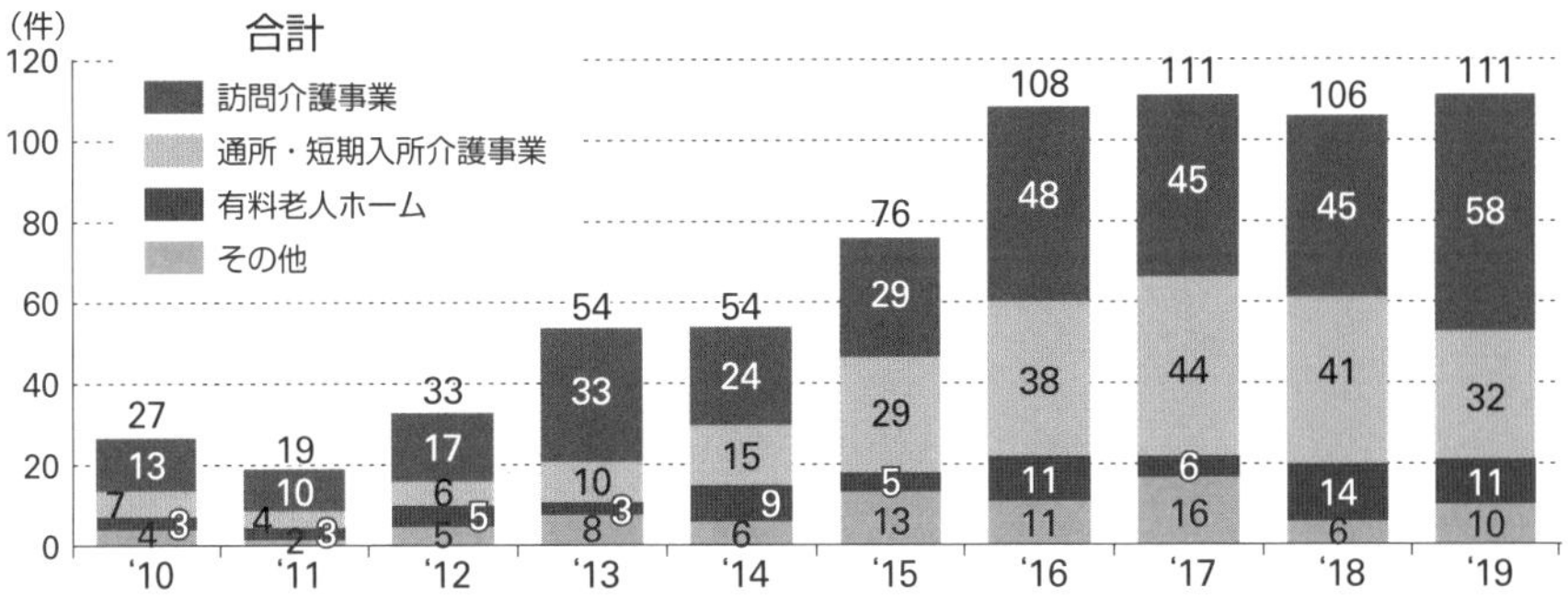

出典：東京商工リサーチ「2019年『老人福祉・介護事業』倒産状況」

サービス付き高齢者向け住宅事業の廃業件数推移

年度	'11	'12	'13	'14	'15	'16	'17	'18	'19
廃業件数	0	1	5	16	11	30	49	35	53

出典：国土交通省資料「サ高住制度の運用課題の指摘への対応（案）」2020年9月17日

また、スタッフの定着率や入居率を知ることは大切です。**「重要事項説明書」**に記載されています。**スタッフの定着率が悪い場合、何らかの問題がある**ことが伺えます。また**入居率が低いと、経営状態は不安定**と言わざるをえません。有料老人ホームの損益分岐点は、開設後**2年で入居率80％程度**と言われています。あまり低いところは避けたほうがいいでしょう。

経営母体を確認し、設立時から変更になっているような場合は、その理由を聞きましょう。

上限５００万円が保全されるはず

入居一時金を払って間もないのに倒産すると大変です。有料老人ホームでは**「入居一時金の保全措置」が義務付け**られています。施設から返還されないときは、銀行や損害保険会社などが５００万円を上限として未償却の金額を支払います。返金してもらった上で、別の施設を探すことも選択肢となるでしょう。心身の状態にもよりますが、懐が厳しいなら特別養護老人ホームやケアハウス（Ｐ１６０）を探すのも一案です。

10 末期がんと診断、終末期をどこで暮らす？

事例▶Iさん（60代・男性）

一人で暮らしています。1年前に肺がんと診断され、その後骨転移。当初は入院していましたが、治療ができず自宅に戻りました。しかし、このところ腰痛と呼吸苦が日増しに激しくなっています。

医師からは、残された時間は月単位と宣告されました。離れて暮らす長男と長女は「何かあってもすぐに駆けつけられないこともあるから、入院してほしい」と言いますが、私としては自宅で最期を迎えたいのです。

在宅希望なら医療体制を築く

厚生労働省の調査によると、日本人の死亡原因は、1位がん、2位心疾患（高血圧症を除く）、3位老衰となっています。つまり、**がんで死ぬ可能性がもっとも高い**ということです。

もし、末期がんとなったらどこで暮らすか……。Iさんのように「自宅で最期を迎えたい」と思っても、子は「入院してほしい」と言うことが多いでしょう。「看てあげたいが仕事がある」「急変しても、すぐに駆けつけられない」という理由からです。

自宅でと希望するなら、訪問診療や訪問看護を利用することを検討しましょう。P31で紹介した**「在宅療養支援診療所」なら必要に応じて24時間体制で訪問診療や訪問看護を受ける**ことができます。緊急時にはす

緩和ケアを受けられる場所

病院

通院

- がん治療のために通っている外来
- 緩和ケア外来

入院

- がん治療のために入院する一般病棟
- 緩和ケア病棟

自宅・高齢者施設

在宅療養

- 住み慣れた自宅
- 介護施設など生活の場

ぐに入院できるようベッドも確保されます。

緩和ケアとは

一方、入院を希望してもかなわないケースも増えています。末期だと選択肢は**「緩和ケア病棟」（ホスピス）**となりますが、満床のところが多く……。

緩和ケアとは、痛みやその他の苦痛な症状を和らげること。近年は、終末期だけではなく、早期からがんに対する治療と並行して行われるようになっています。入院治療である程度痛みがおさまると、退院となることが珍しくないのです。緩和ケアは入院に限らず、通院でも在宅でも受けられるので、医師や家族とよく相談しましょう。がんの末期の場合、65歳未満でも介護保険のサービスを使うことができます。

全国には**「がん診療連携拠点病院」**があります。がんの相談窓口である「がん相談支援センター」も設置されているので、分からないことがあれば相談を。

●国立がん研究センターがん情報サービス
https://ganjoho.jp/

11 年金額が少なくても入れる施設はある？

事例▶ Jさん（70代・男性）

自営業だったので、国民年金を受給しています。夫婦分を合わせても月額13万円ほど。この先、どちらかに介護が必要になっても、経済的な事情から原則、在宅で頑張ろうと考えています。

とはいえ、夫婦同じタイミングで倒れるとか、どちらかの死亡後に残されたほうも介護が必要になったら、どうしたものか……と考えてしまいます。

年金が少ないと、結局は子どもたちに負担をかけることになるのでしょうか。

年金が少ないなら介護保険施設を狙おう

国民年金のみ受給の場合、満額で月6万5000円ほど。よほど蓄えがなければ、「施設入居は難しい」と考える人は多いと思います。しかし、特別養護老人ホームなどの**介護保険施設なら、国民年金のみだと（その他年金を受給していても一定額より少ないと）月々支払う費用は大幅に軽減**されます。「住民税非課税世帯」という所得区分となるからです。

サービスの質が抑えられるという意味ではありません。例えば、住民税を支払う○○さんと住民税を支払わない△△さんが同じ特別養護老人ホームに入居し、同じ広さの個室に入って、同じ食事・サービスを利用するとします。○○さんは月13万円の支払いが発生しますが、△△さんは6万円程度になるということです。

公的な介護施設の種類

公的な施設		介護度の目安
介護保険施設	特別養護老人ホーム	重度
	介護老人保健施設	中度〜重度
	介護医療院・介護療養型医療施設	重度
福祉施設	ケアハウス	自立〜中度
	ケアハウス（特定施設）	軽度〜重度

介護保険施設や福祉施設には「弱者救済」の使命がある。年金や蓄えが少ない場合の選択肢に。

これを使わない手はありません。混んでいてなかなか入れないと報道されることが多いですが、場所を拡げて探せば比較的すぐに入れるところもあります。

一例ですが、こんなサイトも参考になります（西多摩特養ガイド　https://www.nishitama.jp/）。この地域の、即〜3か月程度で入居できる特別養護老人ホームを検索できます。

「ケアハウス」も選択肢

ケアハウスと呼ばれる施設もあります。地方自治体や社会福祉法人などが運営しており、バリアフリーで個室です。食事の提供や緊急時の対応を受けられます。

原則、身の回りのことができる60歳以上の人を対象としていますが、一部、**「特定施設」の指定を取得した介護型のケアハウス**もあります。そもそもケアハウスとは「福祉施設」という位置づけなので、所得が少ない場合は利用料の負担が軽減されます。

検討するなら、今のうちに地域包括支援センターなどで情報収集しておきましょう。

12 施設なのに「終の住処」とならないの!?

事例▶ Kさん（40代・男性）

父親（70代）がサービス付き高齢者向け住宅（サ高住）に入居していましたが、体調が悪化し、食事をとることが困難になりました。呼び出しの電話があったので話を聞きに行くと、「これ以上、うちでは対応できない」と退去するように言われました。

しかし、今の父親の状態で引き受けてくれる施設は見つからなくて、病院へ。病院では、食べられないならと、「胃ろう」を造設。ずっと入院できるわけではないので、退院の話が出ています。

サ高住にも戻れないし、自分は父親を苦しめているだけではないだろうかと悩んでいます。

「退去」の要請を受けるとき

「最期までこの施設にいよう」と考えて入居しても、状況によっては退去要請されることがあります。そもそも施設には、「介護型」と「住宅型」があり、サ高住は「住宅型」です。介護を行うための施設ではないため、終の住処にはなりにくいといえます。

退去を言い渡される理由で多いのは、Kさんの父親のように**医療依存度が上がった場合**。施設は生活の場であり病院ではありません。医師は常駐しておらず、「看護師常駐」と記されていても、日中だけのところが多いのです（介護型でも同様）。

また、認知症により他の入居者とのトラブルが増えて、退去を言い渡されることもあります。

「介護型」施設と「住宅型」施設の介護体制の違い

	介護型 （介護保険施設・特定施設）	住宅型
契約	入居する施設と契約	別途サービス提供事業者と契約
介護スタッフ	●原則、施設職員による **●24時間体制**	●施設外の職員による **●契約した時間のみ**
料金	要介護度ごとの定額制	契約した内容により変わる
ケアプラン	施設のケアマネジャーが担当	施設外のケアマネジャーが担当
終の住処	**なりうる**ケースが多い	**なりえない**ケースが多い
メリット	費用が一定額で分かりやすく、24時間切れ目なく介護を受けられる	必要なサービスのみ選択できる。介護度が低いときは合理的

看取りまで対応？ 非対応？

最期が近づいてきた際の〝看取り〟についての対応は施設ごとに違います。通常、看取り期は医療スタッフと介護スタッフが緊密に協力体制を組む必要があります。

入居する前に、看取りに関しての考え方と実績を確認しましょう。前向きな施設は、ある程度医療体制ができており、終の住処となりえる可能性が高いといえそうです。介護保険には、看取りを行うと支払われる加算もあります。看取りを行う施設には指針があるので、説明を受けましょう。

ただ、看取りに関しては、本人が「死期の迫ったときにどうしてほしいと考えるか」が大きく影響します。**「どう死にたいか」は、裏返せば「どう生きるか」**ということ。自身の考えを整理して子に伝えておかなければ、そのとき、子を苦しませることにも……。次章を参考に、ぜひ元気なうちから考えてみてください。

Column

食事は手作り？ 温めて提供？

シニア向けの住宅・施設には「本格的な厨房」があると思っている人は、多いのではないでしょうか。

もちろんそうした住宅・施設もありますが、一方で外部業者の調理済みのチルド食品を再加熱して提供する「クックチル方式」などの、新調理システムを採用する施設・住宅も少なくありません。大がかりな設備が不要で、調理に関わる人件費を大幅に削減できるからです。衛生面においても、施設にとってリスク回避できるメリットが大きいといえます。

技術が進歩しているので、「クックチル」が美味しくないというわけではありません。ただ、「施設内で調理している」と思い込んでいる人の中には、入居後に「温めているだけ」と知って落胆する人もいます。

食事は毎日のことで、生活の楽しみの一つでもあります。こだわりや希望がある場合は、施設見学に行った際に次のことをチェックしてみるとよいでしょう。

・誰がどこで調理している食事か？
・メニューは1種類のみか、選択可能か？
・飲み込みが難しくなった際、どのような介護食が用意されるか？
・減塩など治療食への対応はなされるか？
・イベント時（クリスマスや節分など）に楽しめる食事はあるか？

事前に予約すれば、見学時に試食できるところも多いです。熱々が提供されているかどうか、また味付けや雰囲気は自分好みかどうかを知ることができます。

1 入院
2 お金
3 介護
4 配偶者の死
5 住まう場

6章 最期の準備

1 自分の死後、病気がちな妻のことが心配……

事例▶ Aさん（70代・男性）

私はがんで余命宣告を受けています。妻は病弱で物忘れも多いので、残して死ぬことが心配です。

一人息子は隣県で商売をしていますが、事業がうまくいっていないようで、見舞いに来た際も「家庭用金庫を見せて」と不穏なことを言っていました。私の財産をあてにしているような気が……。

そんなこともあり、自分の死後に息子が妻を支えてくれるのか、正直心配です。ひとまず、財産は全額妻へ譲る旨の遺言状を書きましたが、安心できません。そこで、妻に「任意後見制度」を利用させることを検討しています。

遺言状は必須

死期が迫った場合、残される配偶者が困らないように、できることをしておきたいと考える人は多いと思います。

原則、子どもがいる場合の相続では、配偶者は財産の半分、残りの半分は子が相続することとなります。自分が亡くなった後、Aさんのように妻に「全額」渡したいなら**遺言状**を書いておくほうがいいでしょう。それにより、**遺留分以外は配偶者のもの**となります。

また、信託銀行の**「遺言信託」**などを利用する方法も考えられます。遺言状の作成、保管、さらには遺言の執行、それに伴う資金管理をトータルに行うものです。**「生命保険信託」**という商品もあります。あらかじめ指定した人に、指定した支払期間・方法で支払われ

「配偶者居住権」の仕組み

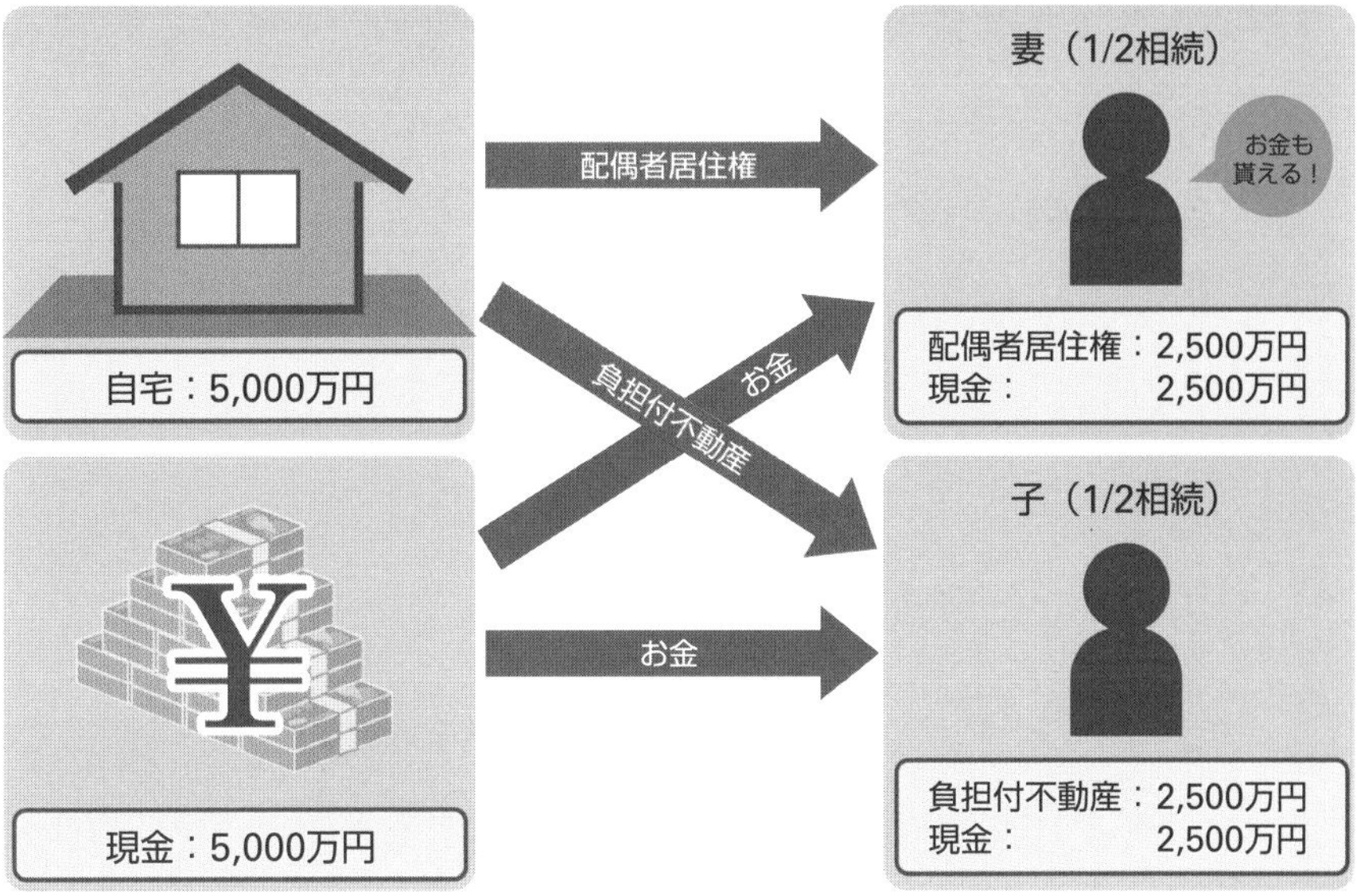

る信託商品です。ただし、**手数料などのコストが発生**するのでよく確認してください。

「配偶者居住権」で住み続けＯＫ

財産が不動産だけで現金がない場合、相続にあたって売却して現金化することが必要となるケースもあります。しかし、そんなことになれば、子が権利を主張すれば残された配偶者は自宅を追われることに……。こうした問題を解決するために、配偶者が所有する自宅に住んでいた場合は、**今後もその自宅に住み続ける権利を保証する「配偶者居住権」**が２０２０年にできました。

Ａさんの場合、遺言状に「妻に配偶者居住権を遺贈する」と記載しておけば、息子の同意を得る必要はなく、妻は賃料の負担なく住み続ける権利を得ます。つまり、息子が母親を追い出して売却することはできないということです。

遺言状を書いていない場合も、相続人全員が参加して相続財産をどのように分割するか話し合う**遺産分割**

「任意後見制度」利用の流れ

① 後見人を**依頼する人（任意後見受任者）**と**依頼する内容**を決める

② **公正証書**で任意後見契約を結ぶ

③ 本人の判断力が不十分になる

④ 任意後見受任者が裁判所に任意後見監督人の選任を申し立て

⑤ 裁判所が**任意後見監督人**を選任

⑥ 任意後見人による支援を開始

⑦ 本人の死亡（契約終了）

任意後見監督人が任意後見人の支援を監督。

協議（P189）で合意を得られれば、権利を得ることができます。遺言がなく、遺産分割協議においても合意を得られない場合には、**家庭裁判所に申し立て**て、審判により権利を得ることになります。

「任意後見」を使えば支援を依頼できる

Aさんは、妻が認知症を発症して経済的な管理ができなくなることも心配しています。子どもを頼れないとなると、確かに不安でしょう。

そのような場合に役立つのが**「任意後見制度」**です。もし、判断力が衰えてきたときに備えて、**あらかじめ支援者（任意後見人）を決めておく**ものです。その人に何を支援してもらうかについても事前に決定しておきます。

任意後見人を子どもにすることもできますが、Aさんの妻のケースでは、弁護士や司法書士など専門家に依頼するほうがいいと思います。

内容は、「生活費は預金の中から毎月○万円をあててください」とか、「もし入院するときには手続きをして、

Column

遺言は病床での口述筆記も可

遺言でよく使われる方法は「自筆証書遺言」と公証役場で作成する「公正証書遺言」の２種です。前者は基本的に自筆で書く必要がありますが、財産目録に関してはパソコンでの作成が可能となりました。また、以前は自宅に保管することが一般的でしたが、現在は法務局で保管してもらうこともできます。

具合がよくないなら、後者がおすすめです。意識さえはっきりしていれば本人が書けなくても、病室に公証人を呼んで口述筆記してもらうことができます（認知症の場合は不可）。

財産から支払いをお願いします」「必要になったら、介護サービス、施設の利用契約や支払い手続きをお願いします」などと具体的に決めておくことができます。

任意後見受任者と依頼する内容が決まれば、本人と任意後見受任者が公証役場に行って、**公正証書を作成**します。そして、いよいよ本人の判断力が低下すると、支援が行われることになります。

子どもを信頼できない場合、あるいは何らかの事情で負担をかけたくないと望む場合の選択肢となるでしょう。

依頼先に悩む場合は、司法書士による全国組織である成年後見センター「リーガルサポート」に相談してみるのも一案です。全国の弁護士会でも窓口を設けています。ただし、**専門家に依頼する場合は月々の報酬が発生**するので、費用についてもよく確認しましょう。

●リーガルサポート
https://www.legal-support.or.jp/

自宅の売却

2 「そのとき」には自宅を売って施設へ入りたい

事例▶ Bさん（40代・女性）

一人で暮らしていた父（70代）は、「在宅での暮らしが難しくなったら、自宅を売ってそのお金で施設に入りたい」と、ことあるごとに私と弟に言っていました。

75歳を過ぎた頃から、少しずつ認知症の症状が出始めたので、私たちきょうだいは、父の気持ちを尊重するため実家売却の検討を始めたのですが……。

買い手が見つかったとき、すでに父の判断力は大幅に低下。契約ができる状態ではなくなっていました。かといって、私たちでは父名義の不動産を売ることもできず困っています。

自宅売却には事前準備が必要

「できる限り自宅での生活を続けて、どうしても難しくなったら施設に。その費用は、自宅を売却してあてよう」と考えている人は少なくないと思います。

しかし、現実は、**「そのとき」が来たら自分で自宅の売買契約を行うことは難しい**ケースが多いでしょう。事前の準備をしていなければ、子どもに託すこともできません。P44で説明した成年後見制度を使うことにより、後見人が預貯金の引き出しはできますが、自宅の売却については家庭裁判所の許可がおりないことが一般的です。

「任意後見」や「家族信託」を検討

準備する方法として、前項で紹介した**「任意後見制**

「そのとき」に使う3つの制度の違い

	任意後見	法定後見	家族信託
託す相手	本人が選ぶ	家庭裁判所が選ぶ	本人が選ぶ
手続きのタイミング	本人の判断力がしっかりしているとき	本人の判断力が低下してから	本人の判断力がしっかりしているとき
監督人	監督人が選任されることが多い	監督人が選任されることが多い	必要なし
取消権	なし	あり	なし
居住用不動産の売却	契約書に定めておけば家庭裁判所の許可不要（監督人と相談）	家庭裁判所の許可が必要	契約書に定めておけば家庭裁判所の許可不要
報酬	原則、家族なら不要 監督人：1～3万円／月	専門家：3～6万円／月 監督人：1～3万円／月	原則、家族なら不要

度」が役立つケースも。元気なうちに「もし、判断力が低下したら、自宅を売却して施設に入れてほしい」と**支援者（任意後見人）を決めて公正証書を作成**しておきます。判断力が低下してから申し立てる「成年後見」とは異なり、通常、自宅売却も可能です。

「**家族信託**」で備える方法もあります。不動産やお金などの資産を、目的（老人ホーム入居・介護費など）を決めて、**自分の信頼する家族に託して管理や処分を代わりに行ってもらう**ものです。委託者と受託者として、双方で契約書を作成。「委託者＝利益を得る人」ということなら、不動産の名義変更をしても贈与税などの課税は発生しません。

どちらの制度にもいえることですが、詳しい弁護士などに事前に相談し、ぬかりなく準備を進めたいものです。

3 「延命措置」について家族で意見が対立

事例▶Cさん（50代・男性）

母（80代）は身体が弱って、口から物を食べることが難しい状態です。入院中の病院で、医師に「胃ろうをしますか？」と問われました。口から栄養をとるのが難しい人のために、胃に穴を開けて直接栄養を送り込む方法だそうです。

すでに、母は自分で意思表示できる状態ではありません。僕は一日でも長生きしてもらいたいので、胃ろうには前向きです。ただ、妹は「延命なんて、お母さんがかわいそう」と断固拒否しています。どうしてあげるのが母親のためになるのか分かりません。

自分は「そのとき」に意思表示できない

医療が進歩し、ある程度死期を伸ばすことができる時代となっています。自分の人生なので、どこまでの延命を希望するか考えておきたいものです。

延命治療には、心臓マッサージや人工呼吸器の装着、胃ろうなどの経管栄養があります。本当は、そのときに自分で希望を言えればいいのですが、**認知症や病気の進行で意思表示できなくなる可能性大**です。

本人が意思表示できないと、家族が医師から問われることになります。正解のないテーマであり、Cさんきょうだいのように意見が割れることも少なくありません。意見が割れると、看取った後もシコリを残すことがあります。

病院から問われて「心臓マッサージくらいはしてほ

延命措置について子どもに伝えておきたい希望(事前指示書)の例

- 生命維持のため最大限の治療(心臓マッサージ、人工呼吸器など)を希望する
- 最大限の治療までは希望しないが、継続的な栄養補給(胃ろうなど)を希望する
- 継続的な栄養補給は希望しないが、点滴など水分を維持する程度は希望する
- 延命治療は行わず、自然にゆだねる
- 延命治療は希望しないが、痛みは取り除いてほしい

しい」と医師に頼んだ子どもがいました。しかし、心臓マッサージは強い力がかかり、肋骨が折れます。「最期に、痛い思いをさせて申し訳ないことをした」とその子どもは大きな悔いを残しました。

自分のため、子のために、「事前指示書」を作成

どうしてほしいかを書いておく書面を「事前指示書」と呼びます。**意思表示しておくことで、子に罪悪感や後悔を抱かせることを防げます。**

インターネットで検索すると、ひな形がいくつも出てきます。書いた場合は、必ず子どもにその存在を伝えておきましょう。日本尊厳死協会に入会したり、公正証書にしておく方法も考えられます。

また、延命を希望しないと決断したら「慌てて119番通報をしないこと」も家族と話し合っておきたいものです。東京消防庁では、「DNAR」(自宅での最期を望む末期がん患者らへの心肺蘇生を、かかりつけ医らの指示により実施せず搬送しない制度)を導入しています。

4 死後の手続きに必要な書類が見つからない！

エンディングノート

事例▶ Dさん（40代・男性）

母（70代）は交通事故で救急搬送されましたが重体で、翌日あっけなく亡くなりました。僕たち子どもは、悲しむ間もなく、葬儀やさまざまな手続きに追われました。

突然のことだった上に、母は整理整頓が苦手で、僕たちはまず健康保険証を見つけ出すのに苦労しました。葬儀に呼ぶ母の友人知人の連絡先を見つけるのにも手間取りました。

食器棚の引き出しから通帳が出てきたかと思えば、寝室の整理ダンスからも別の通帳が出てきて……本当に大変なんです。

子への引き継ぎ書を作成

いつか必ず〝死〟は訪れます。Dさんの母親のように、「突然」かもしれません。

自分が死ぬと、子どもらは**葬儀を出し、年金や健康保険、介護保険の停止手続きを行い、さらに財産や債務などの整理を行う**必要が生じます。手続きには書類がつきもの。「どこに何があるのかさっぱり分からない」状態だと、何倍もの時間を要することに……。

詳細は「終活」の専門書に任せますが、「子どもに迷惑をかけない」という視点から準備をしておきたいことを左上にまとめました。市販されている「エンディングノート」を使うと便利です。

死後の手続きについて子どもに伝えられる準備を！

	注意事項	✓
エンディングノート、遺言状	書いている場合は、その存在が分かるようにしておく	
友人・知人の連絡先	自分の死を知らせてほしい人	
決めている葬儀社	イメージしている葬儀内容、遺影	
宗派・菩提寺	これまでの付き合い方も	
社会保険関係書類	健康保険証、介護保険証、年金手帳などの保管場所も	
金融機関関係書類	銀行・証券会社・保険の支店、内容	
不動産の権利書、実印	自宅以外に不動産がある場合は、その内容も	
金庫の開け方	貸金庫を利用している場合はその情報	
定期的な支払い内容	子どもが見落としそうなスポーツジム、新聞購読など	

デジタルの情報については次項を参照。

すぐに必要となる情報

決めている**葬儀社や葬儀内容**があれば、書いておくか子どもに伝えておきましょう。遺影まで準備している人もいます。実際にあった話ですが、高齢になってからクリスチャンの洗礼を受けたという女性がいました。子どもはそのことを知らず、葬儀の準備をする段で非常に焦ることに……。

自分が死んだことを**知らせてほしい友人、知人の連絡先**もまとめておきましょう。直近の年賀状が役立つケースもあります。連絡先はすべてスマートフォンやパソコンに入っているという人は次項を参考にしてください。

金銭関連の大切な情報

P46でも説明しましたが、お金まわりの大事な情報は、まずは配偶者と共有。配偶者がいない、死亡している場合は、子が把握できるよう、それらの内容を一覧にしておきたいものです。あわせて、**健康保険証や**

死後に行う主な手続き

配偶者などの家族が死去
⬅
主治医や病院から**死亡診断書**を受け取る
⬅
親戚や故人の友人らに連絡
⬅
葬儀会社に連絡して契約
⬅
死亡届出書、**火葬許可申請書**を提出
⬅
通夜、**告別式**
⬅
健康保険・介護保険の資格喪失手続き
年金受給停止手続き
⬅
公共料金などを名義変更または解約
⬅
相続財産や**相続人**の調査・確定
⬅
遺産分割協議
相続税支払い

介護保険証、年金手帳、預貯金の通帳、民間保険の保険証券、さらに不動産の権利書、実印の保管場所なども分かるように。

「大事なものは家庭用金庫の中と聞いていたが、いざ開けようとしたところ、開け方が分からず難儀した」と子の立場の人から聞いたことがあります。金融機関の貸金庫を利用している場合も、伝えておきましょう。

忘れがちなのは、月々、あるいは年単位で支払っている**スポーツジムの会費、新聞購読料**など。自動引き落としされるものは使わなくなった時点で契約を終えてもらう必要があります。

Column

自分にもしものとき、愛犬や愛猫をどうする？

「動物の愛護および管理に関する法律」には、飼い主の責務として、動物がその命を終えるまで適切に飼うこと（終生飼養）が明記されています。とはいえ、自分が彼らよりも先に亡くなることもありえます。

犬猫の飼い主のうち、2割以上は60歳以上のシニア世代……。飼っている人は、自分にもしものことがあった場合にどうするか考えているでしょうか。心身の機能低下によって、飼えなくなることもあります。「何かあったら、よろしくね」と子どもにお願いしている人も多いのではないでしょうか。しかし、子ども世帯の住んでいるマンションが「ペット不可」かもしれませんし、彼らが犬猫好きであるとも限りません（アレルギーなどの問題も）。また、飼うには結構なお金もかかります。犬猫も高齢化しており、介護が必要になることも珍しくありません。

一案として、「負担付死因贈与契約」という手法があります。相手との間で「自分が死亡した場合は、ペットの世話をすることを条件に財産を渡す」という内容の契約を行うものです。

他にも、あらかじめペットの生活に必要な費用を「信託財産」として、信頼できる人物や団体に託す「ペット信託」をサポートする企業団体もあります。老人ホームならぬ、「老犬ホーム」などもあります。

いずれにしても、シニア世代がペットを飼う場合、責任をもって「もしも」を想定しておくことが大切です。

犬全体の平均寿命：**14.29歳**
猫全体の平均寿命：**15.32歳**

出典：一般社団法人ペットフード協会「平成30年（2018年）全国犬猫飼育実態調査結果」

5 データで整理しても、パスワード不明で開けない！

事例▶ Eさん（30代・男性）

父は、自分の資産状況をパソコンで一覧にして保存。「もし、俺に何かあったら、パソコンのデスクトップのエクセルデータを見るように」と伝えられていました。

そんな父が60代で、まさかの心臓発作により急逝。相続手続きのために父の書き残したエクセルを確認しようとしましたが、パソコン自体にロックがかかっていて、パスワードが分からないと開けることができません。

業者に頼むと高額な費用がかかる上に、必ずロック解除できる保証はないと言われました。

「デジタル終活」は必須

「デジタル終活」という言葉があります。簡単にいうと**デジタルデータの生前整理、対処法の検討**です。スマートフォンやパソコンを使ってアドレス帳を管理したり、ネットバンキングや株取引、ＳＮＳを活用したりしている人は老若問わず確実に増加しています。

もし自分が死ぬと、家族はスマホやパソコンの中をのぞこうとするでしょう。見ないと、死んだことを故人の友人、知人に知らせられず、相続に関する手続きも進められないからです。しかし、Ｅさんの父親のパソコンのように、ＩＤやパスワード、暗証番号によってロックされていると、家族といえども簡単には開けません。

いざというときに家族が開けられるように、**家族の**

デジタル情報は元気なうちに自分で整理

- ネット銀行やネット証券などの口座
- SNSやブログ
- 利用料が発生する会員制サイト
- ポイントやマイルが貯まっている利用サイト
- 友人・知人の連絡先
- 家族に見られたくない写真や動画　　　　など

伝える必要のあるものだけでなく、伝えたくない情報も整理を！

分かる場所にパスワードなどを書いておきましょう。前項で紹介したエンディングノートなどを使うと便利です。

いずれ、子どもに見られることを前提に考えると、自ずとデータの整理にも力が入るのではないでしょうか。**家族に見せるべき内容、見せたくない内容を分類**しておきたいものです。

死ぬ前に必要となるケースも

認知症や病状悪化に伴い、存命中でも、デジタル関係の管理を自分でできなくなる可能性があります。

前項のアナログの書類にもいえることですが、『最期の準備』は具合が悪くなってから」と考えていると間に合いません。**元気で判断力があるからこそできること**です。SNS、金融機関、その他さまざまなサービスを一覧にして、必要な情報を整理しておきたいものです。

6 家族に見せたくないものの整理

事例▶Fさん（30代・男性）

父親（60代）はがんで余命宣告を受け、入退院を繰り返しています。このところ意識が戻らず、死期が迫っている様子です。長男である私と妹とで、葬儀のことについて相談を始めました。

亡くなった際に、父親の友人・知人にすぐ連絡できるようにと、スマホのアドレス帳を見ることにしました。父親のスマホを触っているうちに、アルバムが出てきたので、何の気なくスクロールすると、父親が女性と映っている写真が……。ちょうど横にいた母親や妹の目にも触れてしまいました。3人で不快感の混じった、なんとも複雑な気持ちに……。

目に触れさせないこともエチケット

家族が見て不快になるようなものは、目に触れさせないようにしておくことがエチケットだと思います。Fさんの父親は、図らずも死に際に妻子を不快にさせてしまいました。

アナログもデジタルも見られたくないものは、簡単には見えない奥のほうに保管。逆に家族に見てほしいものを見やすい正面（デスクトップなど）に置いておくことで、奥まで探される確率は低くなると思います。

また、デジタルに関していえば、**一定期間アクセスがないと指定したファイルが自動消去される終活関連アプリ**があります。グーグルにも「Googleアカウント無効化管理ツール」が用意されています。

家族に秘密のサークルや会員制サイトなどがあれば、

Googleアカウント無効化管理ツールとは？

事故や死亡といった予期しない出来事で
自分のGoogleアカウントを使用できなくなった場合に、
そのアカウントをどう処理するかを設定するもの

自分のアカウントに一定期間（3～18か月間）ログインが無い場合

↓

① 自分のアカウントやデータを**自動的に削除**できる
② 残っているデータを、**指定した人（10人まで選択可）に送る**ことができる

もし自分が死んだらどうなるか、確認しておきたいものです。「死に際」ではなく、早い段階での整理も必要なのではないでしょうか。

信頼できない子への対応

残念ながら、自分の子どものことを「信頼できない」という人も……。その場合は、個人情報をなんでもかんでも書けばよい、というわけではありません。P44でキャッシュカードの暗証番号を家族に教えることを提案しましたが、うっかりすると入院している間に引き出されかねません。

心配のある場合は、詳細な口座番号までは子に書いておかなくてもいいと思います。パスワードなども、**原則、信頼できる家族にのみ分かるように**。子どもには伝えず、P25で紹介した**「身元保証・高齢者サポートサービス」**などを利用することも選択肢となるかもしれません。

断捨離

7 子どもがやたらと「断捨離して」と言ってくる…

事例▶Gさん（80代・女性）

夫婦二人暮らしです。長女が隔週で家に来ますが、そのたびに「少しは片づけたほうがいい。まるで、泥棒に入られた家みたい」なんて大げさなことを言うのです。

挙句の果ては、「あれ捨てろ」「これ捨てろ」と指示してきます。私たちに確認しないで、強引に捨てようとすることもあります。

私も「余計なお世話。あなたに、迷惑はかけていない」と怒りますが、長女はひるみません。先日は、私が大事にとっていた昔の洋服をごっそり捨てられました。

転倒リスク軽減のために

「実家は物が多くて足の踏み場がない」と子の立場の人が文句を言う姿をしばしば見ます。よく聞くと、「昔は、きれいにしていたのに」とも。

年齢とともに片づけが苦手になることがあるようです。一因は、物が多すぎること。大切にするあまり、物が増えていくことがあります。Gさんも大事にとっておいた洋服を長女に捨てられて怒っていますが、多くの場合、数年着ていない洋服は、もう着ないのではないでしょうか。

物が多すぎると収納するスペースがなくなり、居室内にあふれて転倒事故の原因になります。本当に必要なものが行方不明になることも……。つまり、**ある程度の断捨離は必要**だということです。

子が、離れて暮らす親の今後に対して感じている不安

（回答者数600人、複数回答）

【親自身のこと】

病気やけが	64.8%
認知症、徘徊	23.2%
自動車の運転	18.3%
火の不始末や戸締り	16.7%
押し売りや強盗、ひったくり、振り込め詐欺などの犯罪	15.0%
特に不安はない	21.2%

【自分が関わること】

親の介護	44.5%
親が病気やけがで入院した時の対応	38.7%
親が亡くなった後の始末	28.3%
親の生前からの家の片づけ	18.2%
親の生活費	17.3%
特に不安はない	29.5%

亡くなった後の始末や片づけに不安を感じている子どもは多い。

調査対象：70歳以上の親と別居している30代から50代の全国の男女600人
出典：ALSOK「別居している高齢の親を持つ子どもの意識調査」2017年

子どもに悔いを残させないためにも

心身が衰えるとゴミ出しが難しくなり、余計に物があふれることがあります。テレビで見かける「ゴミ屋敷」のようだと表現する子さえいます。認知症などの影響で、古い食材が蓄積することも。食中毒の危険性も高まります。

介護度が重くなり入浴が難しくなった親のために、「訪問入浴サービス」を入れようとしても、物があふれているために居室内に入浴できる空間を確保できなかった、と話す子もいました。

自分が死ぬと、片づけは子が担うことになります。死んだ途端に、子にとっては親の思い出の品となります。自ら処分する気持ちになれず、かといって業者に依頼するとすべてがゴミに……。**「生前に親から捨てないでほしい物を聞いておけばよかった」**と悔やむ声をよく聞きます。そんな思いを子どもにさせないためにも、自ら整理をしておきたいものです。

8 「〇〇家の墓」には入りたくない！

事例▶ Hさん（70代・女性）

2年前に夫を看取り、一人暮らししています。夫との関係は、良好とはいえませんでした。姑ともいろいろあったので、彼らが眠る墓には絶対に入りたくないと思っています。

でも、もし今死んだら、子どもは私を夫たちと同じ墓に埋葬するに違いありません。自分の希望を叶えるには、どうすればいいのでしょうか。

墓には多様な選択肢がある

これまでは結婚すると、女性は嫁ぎ先の「〇〇家の墓」に入るというのが一般的なパターンでした。しかし現在は、墓に対して多様な考え方が生まれています。P128で紹介した「死後離婚」などもあり、例えばそうなると嫁ぎ先の墓に入るとはならないでしょう。「〇〇家の墓」と似たスタイルで個人の墓を建てることもできます。**「合祀墓」**という**不特定多数の人の遺骨を一つにまとめて納骨する墓**もあります。供養や管理は寺院や霊園などがまとめて行うので、子どもに負担をかけることもありません。

遺骨を納める**「納骨堂」**を選ぶ人もいます。屋内のロッカーのようなスペースです。供養や管理は必要ありません。「〇〇家」「個人用」のどちらもあります。

お墓の主な選択肢

- 継承墓………先祖代々でつないでいく、従来のスタイル
- 個人墓………自分一人で眠る
- 夫婦墓………夫婦二人だけで眠る
- 共同墓………他の人と一緒に眠る
- 樹木葬………樹木や花の下で眠る
- 海洋散骨……遺骨をパウダー状にして海に撒いて眠る　など

自然に戻す樹木葬や海洋散骨を選択する人も増えています。

いずれにしても、個人での利用が可能で、昔ながらの「〇〇家の墓」よりも費用は安いことが一般的です。

生前予約できるところが多い

自分で自分を埋葬することはできません。「配偶者と別の墓……」に限ったことでなく、「こんな風に埋葬してもらいたい」というこだわりがあるなら、子どもに頼んでおく必要があります。

墓や納骨堂の多くでは、**生前予約**を受け付けています（抽選のところも）。目途をつけたら、子どもとも話し合ってみましょう。子どもに託すことでもあるので、**決断する前に相談**するほうがいいと思います。契約後は、年間維持費がかかるところが多いので**費用についても確認**を。

墓じまい

9 自分たちの代でどうにかしたい 管理が大変なお墓、

事例▶ Iさん（70代・男性）

私たち夫婦には二人の娘がいますが、どちらも結婚して姓が変わっています。うちの先祖の墓は、親が住んでいた郷里にあり、新幹線とローカル線を乗り継いで行かなければなりません。お墓に行くだけでも大変なのに、今はコロナの影響もあって1年以上墓参りができていません。

今後、自分たちが亡くなってそこに入れば、娘たちにもお墓の苦労を背負わせることになるので、墓じまいを検討中です。新しい墓を建てても、継いでくれる子どももいませんから、永代供養の合祀墓形態にしようと考えています。

お墓を撤去し、敷地を寺に返却

「墓じまい」という言葉を聞いたことがあるでしょうか。**先祖代々受け継いできたお墓を撤去し、敷地をお寺へ返却**することです。自宅とお墓の距離が遠くて管理が難しい、受け継ぐ人がいないなどの理由で増えています。Iさん夫婦のように、「子どもに墓守の負担をかけたくない」という声も聞きます。自分が入れば、子どもたちは行かざるをえなくなりますから。

墓じまいをした後は、別のお墓に遺骨を移すケースが一般的で、「改葬」と呼びます。墓じまいをする際には**「墓地、埋葬等に関する法律」**により、左上のような申請が必要です。

「墓じまい」の申請に必要な書類

書類		発行元
① 引越し先の墓地を決め、改葬許可申請書を入手	←	現在の墓地がある各自治体が発行
② 現在の墓地の埋葬証明書	←	現在、遺骨が埋葬されている墓地・霊園管理者が発行
③ 改葬先の受入証明書	←	改葬先（＝遺骨の引越し先）の墓地・霊園管理者が発行

菩提寺とのトラブルに注意

墓じまいをするということは、代々お世話になってきたお寺の檀家をやめることでもあります。そこでこれまでのお礼として、**離檀料**を支払う習わしがあるのですが、高額を請求されて驚くことがあるようです（お寺側からすると突然今までの収入がなくなるため）。**離檀時のための契約書をかわしていない場合は、払う義務はない**のですが、「気持ちの部分」で払うケースが多いようです。常識的な額を超える場合は、消費生活センターなどに相談したほうがいいでしょう（多数の相談が寄せられているようです）。

また、いうまでもありませんが、関係する親族への事前相談も怠らないように。「みんなにとっても、不便な墓だろう」と考えるのは早計です。離檀料なども相談もしていないのに「折半で」などと持ちかけると、思わぬ争いごとに発展しかねません。**お寺にも親族にも丁寧な事前の説明、相談**を心がけたいものです。

10 親名義のままになっている土地はない？

事例▶ Jさん（50代・女性）

父は、祖父から相続した土地を所有していました。相続する際、きょうだいである叔父や叔母には口頭で伝え、二人とも了解したと聞いています。ただ、父はその土地に対し、相続登記をしていませんでした。

昨年、父が80代で他界。長女の私がその土地を相続することになりました。売却したいと考え不動産業者に相談したのですが、登記簿の名義変更をしないと売却できないと言われました。

祖父名義のままだったなんて……父にあきれてしまいました。

相続登記の期限はないが必須

相続税の申告は相続発生後10か月以内、相続放棄については相続が発生したことを知ったときから3か月以内と決まっています。しかし、相続登記については期限が定められていません。

通常、**相続登記をするためには、「遺産分割協議書」か「遺言状」が必要**となります。ところが、どちらもないまま、名義変更されていない不動産は結構存在します（親名義の家で同居していた場合なども、亡くなった後も名義がそのままになっていることも）。本来、Jさんの父親が、兄と妹の実印が押された「遺産分割協議書」を作成し、自分名義で登記するべきでした。

Jさんの父親は亡くなり、その兄と妹も亡くなっています。この状態では、この土地を売却することはで

「遺産分割協議」とは？

相続人**全員**で協議を行い、その結果を書類(手書き、パソコンどちらでも可)に残す。

【必要な内容】

・誰の遺産を誰が相続人として分割したか

・協議の結果、各自が取得することになった財産
(不動産については、登記簿謄本を参考に正確に記入)

・協議を行った人、相続人全員の**署名**と**実印**

きません。

放置するほど面倒なことになる

相続を放っておくと、さらに相続が発生し、どんどん相続人が増えてしまいます。この事例でも、Jさんの父親、その兄と妹の子ども全員（場合によっては孫も）で、遺産分割協議をすることになります。

誰が相続人に当たるかを戸籍から調べ、全員に連絡を取って実印を押してもらうのは、かなり骨の折れる作業となります。

父親のきょうだいは了解していたことでも、何十年も昔の話。その子どもたちは、法律で定められた権利を主張する可能性もあります。主張されれば、支払わなければいけなくなります。

子どもに迷惑をかけないためにも、もし登記変更をしていない不動産があれば、今のうちに手続きを終えたいものです。

11 介護で世話になった長男の妻に財産を残したい

実子以外への財産分与

事例▶ Kさん（80代・女性）

夫を亡くしてから、長男夫婦と暮らしてきました。長男は仕事が忙しくて海外出張も多い。いつもやさしく接してくれたのは、嫁でした。おかげで、安心して日々を過ごすことができています。

最近は身体が思うように動かなくなってきて、トイレや入浴の介助もしてもらっています。

実の娘もいるのですが、音信不通の状態。本音を言うと、娘には財産を残したくないんです。その分を長男の嫁に渡してあげたい。

遺言で「遺贈」できる

息子の妻にお金を残したいなら、**生前贈与することも、遺言状を書いて「遺贈」することもできます**。生前贈与の場合は、**受贈者1人当たり年間110万円まで非課税**です。

さらに、遺言に「○○に相続させせない」と書くこともできます。ただし、相続人から廃除することは相当な理由がある場合を除いて認められないので、**遺留分（相続財産の1／2）は渡る**ことになると思います。

「嫁」から請求可になったが……

いわゆる「嫁」の立場の人は相続人ではないため、「介護をしても遺産は分けられない」という状況でした。しかし、2019年の民法改正により、**夫のきょうだ**

いに対して「特別寄与料」を請求できるようになりました。相続人以外の親族が、被相続人に貢献した際に請求できる金銭のことです。

ただし、日々介護サービスを利用していたケースや、親から「お礼」のようなお金をもらっていたケースでは、認められないことが多いようです。感謝の気持ちをお金であらわしたいのであれば生前贈与か、判断力が低下する前に遺言を作成することをおすすめします。

息子の妻にお金を残すには？

① 年間110万円まで非課税で**生前贈与**

② 遺言で**遺贈**する

③ 死亡後に息子の妻から「**特別寄与料**」として請求してもらう

③はハードルが高いので、①か②がおすすめ。

Column

「遺言ビデオレター」とは？

遺言をする際に、自分の言葉で家族に感謝や想いを伝えるビデオレターを作る人が増えています。ネットで検索すると、作成をサポートする業者も多数見られます。

増加した一因は、新型コロナの影響で「いつ、何があるか分からない……」と考えるシニアが増えたこと。

法律上、遺言は原則、書面でなくてはならず、ビデオやテープ録音で残しても効力を発揮しません。けれども、書面よりも気持ちが伝わりやすいと好評のようです。誰かから書かされたのでは、と疑われる余地がないことも、受け入れられる要因でしょう。遺言にプラスして遺すと、子どもたちにとって、何よりの贈り物となるかもしれません。

おわりに

最後までお読みいただき、ありがとうございました。

私は、約30年前から「老親と、その子ども」の取材を継続してきました。「離れて暮らす親のケアを考える」という視点で「NPO法人パオッコ」を設立。子世代向けに複数の書籍を出版しましたが、とりわけ2015年刊行の『親が倒れた！親の入院・介護ですぐやること・考えること・お金のこと』は改訂版と合わせて累計3万9500部となっています（2021年1月現在）。それだけ大勢の子が、親のことを心配してくれている証だと思います。

親世代・子世代にかかわらず、生きていくということは、ある程度は迷惑や負担をかけ合っていくことなのではないでしょうか。そのことを認め、可能な範囲で心積もりや備えをしておきたいものです。

心積もりとは、文字通り「心＝気持ち」の面もありますが、情報を集めたり、経済的に準備しておくことなども含みます。元気じゃなくなったり、判断力が低下したりしてからでは、「備え」を行うことは難しくなります。

介護保険制度が始まって20年が経ちました。親のサポートや介護を経験したシニア世代には、「自分と同じ苦労を子にはさせたくない」「自分のことはなるべく自分で決めたい」という意識が高まっています。そうした背景から、今回、初めて親世代に向けた本書を著しました。出版の機会をくださった翔泳社さま、そして企画を進めてくださった編集部の武田陽子さんに心よりお礼申し上げます。

私自身も執筆中に60歳になりました。今後は、自ら書いたことを実践して精一杯生きるとともに、子どもたちにも、彼らの人生を大切に、そして笑顔で謳歌してもらいたいと望みます。最期のときまでいい関係で！

太田　差惠子

２０２１年１月

巻末資料❶ 介護型の施設（支援や介護が必要な人向け、65歳以上）

特別養護老人ホーム（特養）　介護保険で入居 食事や入浴などの日常生活上の支援や、機能訓練などを行う。公的施設なので割安。人気が高く、待機者が多数いるところも。看取りまで行うところが増えている	**要介護3以上**
介護老人保健施設（老健）　介護保険で入居 入居期間は原則3か月。病院を退院し、安定期にある人が入って、自宅に戻ることを目指す。リハビリテーションや必要な医療、介護を行う。特養の入居待機場所として利用するケースも多い	**要介護1以上**
介護医療院　介護保険で入居 生活する上で長期に渡って、医療的ケアの必要度合いが高い人が入居できる。必要な医療、介護を行う。病院に併設されているところが多く、看取りまで行われる	**要介護1以上**
介護付き有料老人ホーム【特定施設】 各都道府県より「特定施設」の指定を受けた民間施設。施設スタッフが入浴や食事などの日常生活上の支援や介護、機能訓練などを行う。看取りまで行うところが増えている。通常、料金は公的施設に比べて高い	**要支援1以上**
グループホーム 概ね身の回りのことができる認知症の高齢者を対象とした民間施設。自宅のような家庭的な環境のもと、「ユニット」と呼ばれる9人ほどのグループに分かれて、家事などの役割を担いながら自立した生活を目指す	**要支援2以上**
ケアハウス【特定施設】 各都道府県より「特定施設」の指定を受けたケアハウス。家庭環境などで自宅での生活が困難な人を対象としている。収入によって費用の軽減を受けられる。入浴や食事などの日常生活上の支援や介護、機能訓練などを行う	**要支援1以上**

巻末資料❷ 住宅型の施設（比較的元気な人向け、60歳以上）

住宅型有料老人ホーム 食事の提供や家事支援、レクリエーションなどのサービスを提供する民間施設。価格帯の幅は広い。介護が必要となった場合は別途契約で、在宅のときと同じように訪問介護などのサービスを利用する	**自立～中度**
サービス付き高齢者向け住宅（サ高住） 安否確認と生活相談サービスを提供する高齢者向けの賃貸住宅。オプションで食事や家事支援のサービスを行うところが多い。介護が必要となった場合は別途契約で、在宅のときと同じように訪問介護などのサービスを利用する	**自立～中度**
ケアハウス 家庭環境などで自宅での生活が困難な人を対象とした福祉施設。収入によって費用の軽減を受けられる。概ね自立して生活できることが入居条件。食事や家事支援のサービスを利用できるが、介護サービスは別途契約	**自立～中度**

巻末資料③ 在宅サービスの内容と実施主体

サービス	内容	実施主体			
		自治体	介護保険	ボランティア	民間
住宅改修サービス	自宅内の手すりの取付けや段差の解消など小規模な住宅改修を行った場合の費用を支給（介護保険での上限額は20万円）	○	○		
ホームヘルプサービス	ホームヘルパーが家庭を訪問して調理・洗濯などの生活援助、食事・トイレ・入浴などの身体介助を行う	○	○	○	○
食事の宅配サービス	弁当などを個別に宅配する。原則、手渡しで安否確認を兼ねるケースが一般的	○		○	○
デイサービス	デイサービスセンターなどへ送迎し、健康チェック・機能訓練・入浴や食事の提供などのサービスを日帰りで行う	○	○		
転倒予防教室	公民館などで軽い有酸素運動・ストレッチなどを行い、転ばない体づくりを目指す	○			
緊急通報サービス	急病、転倒などの緊急事態に備え、消防署などに緊急通報できるシステムを設置	○			
見守りサービス	一人暮らしの高齢者が普段通りに生活を行っていることを、訪問・電話・センサーなどで確認して家族に知らせる	○		○	○
ホームセキュリティサービス	火災、侵入、急病などの場合に、警備員が駆けつける				○
訪問入浴サービス	自宅に浴槽を持ち込んで、入浴の介護を行う		○		
小規模多機能型居宅介護	自宅に住みながら、施設への「通い（デイ）」を中心に、短期間の「宿泊」や自宅への「訪問（ヘルパー）」を組み合わせて利用		○		
居宅療養管理指導（薬剤師）	薬剤師が家庭を訪問し、処方された薬を正しく服用できるように指導を行う（管理栄養士や歯科医師などの訪問も）		○		
日常生活用具給付	火災警報器や電磁調理器などの給付	○			
日常生活自立支援事業	認知症などで判断能力が不十分な高齢者などに、福祉サービス利用手続きや日常的な金銭管理の支援を行う（さらに判断能力が低下した場合は、成年後見制度（P44）を利用すると本人の権利が守られる）	国の制度で、窓口は地元の社会福祉協議会			
訪問診療	医師が自宅を定期的に訪問し、計画的に治療・看護・健康管理などを行う				○ 医療保険

サービス	内容	実施主体			
		自治体	介護保険	ボランティア	民間
訪問看護	看護師が医師の指示のもと、自宅を定期的に訪問し、計画的に看護・健康管理などを行う		○		○ 医療保険
デイケアサービス	病院・介護老人保健施設などへ送迎し、理学療法士や作業療法士などによるリハビリを日帰りで行う。食事などの提供も		○		
福祉用具貸与サービス	車いす・介護ベッド・歩行具などの福祉用具を貸し出す。ポータブルトイレや入浴補助具などは購入費が支払われる		○		
ショートステイ	特別養護老人ホームや介護老人保健施設などに短期間入所し、日常生活の介護や機能訓練を受ける		○		

※自治体が行うサービスは自治体ごとに内容が異なります。諸条件により利用不可の場合も。地元の地域包括支援センターで相談しましょう。

索引

本書内容に関するお問い合わせについて

このたびは翔泳社の書籍をお買い上げいただき、誠にありがとうございます。弊社では、読者の皆様からのお問い合わせに適切に対応させていただくため、以下のガイドラインへのご協力をお願い致しております。下記項目をお読みいただき、手順に従ってお問い合わせください。

●ご質問される前に

弊社Webサイトの「正誤表」をご参照ください。これまでに判明した正誤や追加情報を掲載しています。

　正誤表　　https://www.shoeisha.co.jp/book/errata/

●ご質問方法

弊社Webサイトの「刊行物Q&A」をご利用ください。

　刊行物Q&A　https://www.shoeisha.co.jp/book/qa/

インターネットをご利用でない場合は、FAX または郵便にて、下記"愛読者サービスセンター"までお問い合わせください。
電話でのご質問は、お受けしておりません。

●回答について

回答は、ご質問いただいた手段によってご返事申し上げます。ご質問の内容によっては、回答に数日ないしはそれ以上の期間を要する場合があります。

●ご質問に際してのご注意

本書の対象を越えるもの、記述個所を特定されないもの、また読者固有の環境に起因するご質問等にはお答えできませんので、あらかじめご了承ください。

●郵便物送付先およびFAX番号

送付先住所　〒160-0006　東京都新宿区舟町5
FAX番号　03-5362-3818
宛先　（株）翔泳社 愛読者サービスセンター

●免責事項

※本書の内容は2021年1月現在の法令等に基づいて記載しています。
※本書に記載されたURL等は予告なく変更される場合があります。
※本書の出版にあたっては正確な記述に努めましたが、著者および出版社のいずれも、本書の内容に対してなんらかの保証をするものではなく、内容やサンプルに基づくいかなる運用結果に関してもいっさいの責任を負いません。
※本書では™、®、©は割愛させていただいております。

●著者紹介
太田 差惠子（おおた・さえこ）
介護・暮らしジャーナリスト
京都市生まれ。1993年頃より老親介護の現場を取材。取材活動より得た豊富な事例をもとに、「遠距離介護」「仕事と介護の両立」「介護とお金」などの視点でさまざまなメディアを通して情報を発信する。企業、組合、行政での講演実績も多数。AFP（日本ファイナンシャル・プランナーズ協会認定）資格も持つ。1996年、親世代と離れて暮らす子世代の情報交換の場として「離れて暮らす親のケアを考える会パオッコ」を立ち上げ、2005年に法人化。現理事長。主な著書に、『遠距離介護』（岩波書店）、『親が倒れた！ 親の入院・介護ですぐやること・考えること・お金のこと 第2版』『高齢者施設 お金・選び方・入居の流れがわかる本 第2版』（ともに翔泳社）、『マンガで知る！ 初めての介護』『親の介護には親のお金を使おう！』（ともに集英社）、『親の介護で自滅しない選択』（日本経済新聞出版社）などがある。2012年、立教大学大学院21世紀社会デザイン研究科修士課程修了（社会デザイン学修士）。
●太田差惠子のワークライフバランス　http://www.ota-saeko.com/
●NPO法人パオッコ～離れて暮らす親のケアを考える会～　http://paokko.org/

●会員特典データのご案内
本書 P134-137 の「高齢者施設・在宅サービス選定フローチャート」を、以下のサイトからダウンロードして入手いただけます（PDF ファイル）。
https://www.shoeisha.co.jp/book/present/9784798166612

●注意
※会員特典データのダウンロードには、SHOEISHA iD（翔泳社が運営する無料の会員制度）への会員登録が必要です。詳しくは、Web サイトをご覧ください。
※会員特典データに関する権利は著者および株式会社翔泳社が所有しています。許可なく配布したり、Web サイトに転載することはできません。
※会員特典データの提供は予告なく終了することがあります。あらかじめご了承ください。

子どもに迷惑をかけない・かけられない！
60代からの介護・お金・暮らし

2021年 3 月15日　初版第1刷発行

著者　太田 差惠子
発行人　佐々木 幹夫
発行所　株式会社 翔泳社（https://www.shoeisha.co.jp）
印刷・製本　日経印刷 株式会社

本書へのお問い合わせについては、199ページに記載の内容をお読みください。
造本には細心の注意を払っておりますが、万一、乱丁（ページの順序違い）や落丁（ページの抜け）がございましたら、お取り替えいたします。03-5362-3705までご連絡ください。

ISBN978-4-7981-6661-2　Printed in Japan